提炼数据内涵。
回归数学精髓。
提升教学质量。

张景中 2019年10月

丛书主编　方海光

中小学教育大数据分析师系列培训教材

数据驱动的智慧教育

教育大数据

迈向未来学校的智慧教育

方海光 | 主编　　刘嘉琪 | 编

电子工业出版社

Publishing House of Electronics Industry

北京·BEIJING

未经许可，不得以任何方式复制或抄袭本书之部分或全部内容。
版权所有，侵权必究。

图书在版编目（CIP）数据

教育大数据：迈向未来学校的智慧教育 / 方海光主编 . — 北京：电子工业出版社，2019.12
中小学教育大数据分析师系列培训教材
ISBN 978-7-121-38141-6

Ⅰ. ①教… Ⅱ. ①方… Ⅲ. ①教育现代化－师资培训－教材 Ⅳ. ① G4

中国版本图书馆 CIP 数据核字（2019）第 273448 号

责任编辑：张贵芹　　文字编辑：仝赛赛
印　　刷：北京虎彩文化传播有限公司
装　　订：北京虎彩文化传播有限公司
出版发行：电子工业出版社
　　　　　北京市海淀区万寿路 173 信箱　邮编 100036
开　　本：787×1092　1/16　　印张：8　字数：204.8 千字
版　　次：2019 年 12 月第 1 版
印　　次：2023 年 11 月第 6 次印刷
定　　价：35.00 元

凡所购买电子工业出版社图书有缺损问题，请向购买书店调换。若书店售缺，请与本社发行部联系，联系及邮购电话：(010) 88254888，88258888。
质量投诉请发邮件至 zlts@phei.com.cn，盗版侵权举报请发邮件至 dbqq@phei.com.cn。
本书咨询联系方式：(010) 88254510，tongss@phei.com.cn。

丛书主编：方海光
本书主编：方海光
本书编写者：刘嘉琪

指导专家委员会

指导专家委员会成员：

黄荣怀	北京师范大学	荆永君	沈阳师范大学
李建聪	教育部教育管理信息中心	赵慧勤	大同大学
王珠珠	中央电教馆	杨俊锋	杭州师范大学
李　龙	内蒙古师范大学	李　童	北京工业大学
王　素	中国教育科学研究院	纪　方	北京教育学院
余胜泉	北京师范大学	郭君红	北京教育学院
刘三女牙	华中师范大学	徐　峰	江西省教育管理信息中心
顾小清	华东师范大学	高淑印	天津市中小学教育教学研究室
尚俊杰	北京大学	陈　平	南京电教馆
魏顺平	国家开放大学	黄　艳	沈阳教育科学研究院
曹培杰	中国教育科学研究院	罗清红	成都市教育科学研究院
胡小勇	华南师范大学	杨　楠	北京教育科学研究院
李　艳	浙江大学	李万峰	北京市通州区教师研修中心
张文兰	陕西师范大学	马　涛	北京市海淀区教育网络与数据中心
蔡　春	首都师范大学	石群雄	北京教育学院丰台分院
方海光	首都师范大学	卢冬梅	天津市和平区教育信息中心
张　鸽	首都师范大学	陕昌群	成都市教育科学研究院
鲍建樟	北京师范大学	李俊杰	北京教育学院丰台分院
陈　梅	内蒙古师范大学	管　杰	北京市第十八中学
梁林梅	河南大学	顾国齐	OKAY智慧教育研究院
杨现民	江苏师范大学	楚云海	伴学互联网教育大数据研究院
肖广德	河北大学		

序 一

近年来，大数据、人工智能等技术在教育管理变革、学习模式变革、教育评价体系变革、教育科学研究变革等方面的作用日益凸显。国家高度重视教育大数据的发展，鼓励教师主动适应信息化时代变革。2018年1月，《中共中央国务院关于全面深化新时代教师队伍建设改革的意见》明确提出，"教师要主动适应信息化、人工智能等新技术变革，积极有效开展教育教学"。2018年4月，教育部印发《教育信息化2.0行动计划》，指出要深化教育大数据应用，大力提升教师信息素养。2018年8月，教育部办公厅印发通知，启动人工智能助推教师队伍建设行动试点，将探索应用大数据支持教师工作决策、优化教师管理作为重要试点内容。2019年3月，教育部印发《关于实施全国中小学教师信息技术应用能力提升工程2.0的意见》，强调大数据、人工智能等新技术的变革对教师信息素养提出了新要求，教师需要主动适应新技术变革。

当前，随着新技术的不断涌现与发展，很多原有的教育理论都迸发出了新的火花，大数据、人工智能等技术与教育的深度融合，将促进我们加快发展伴随每个人一生的教育、平等面向每个人的教育、适合每个人的教育、更加开放灵活的教育。教育大数据可以让教师读懂学生，让教育教学更加智慧，让教育研究更加科学。教育大数据可以让管理者读懂学校，由"经验式"决策变为"数据辅助式"决策，推动教育、教学、教研、管理、评价等领域的创新发展。

我认识方海光教授好多年了，启动丛书的策划工作时，海光还提出，希望请重量级人物来担纲主编，但我不这么认为。我觉得像他这样的中青年学者已经成长为学科发展的一线主力，理应主动承担起更大的责任。这套丛书的出版确实也让我有眼前一亮的感觉。丛书内容丰富、形式新颖，根据学校的不同角色分成了五个系列：数据思维系列、数据驱动的技术基础系列、数据驱动的智慧学校系列、数据驱动的智慧课堂系列和数据驱动的教育研究系列。丛书符合中小学教师信息技术应用能力提升工程2.0的要求，相信将在各级单位信息化领导力培训、信息化教学创新培训、数据能力素养培训等工作中发挥重要作用，能够为教育管理者的数据智能决策提供帮助，为教师教育的研究者提供参考，更值得广大的学校管理者、教师阅读和学习。

希望这套丛书的出版能够促使教育大数据更好地助推教育教学改革和培训教研改革，引领中小学教育的整体变革，进而推动教育的跨越式发展。

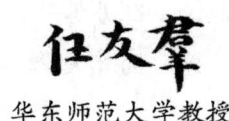

华东师范大学教授

序 二

国家教育现代化和智慧教育示范区的建设都强调了教育大数据的应用方向，教育大数据中心建设和区域数据互联互通成为当前教育信息化的发展重点。

从我国教育信息化的发展趋势来看，基础环境和资源建设与应用快速推进，师生信息化应用能力和水平显著提升。信息化不断发展带来知识获取方式和传授方式、教与学关系的革命性变化，很多学校面临知识的体系化建设阶段。在大数据和人工智能的环境下，我们面临很多新的问题：如何建设学校的知识体系？如何指导学生的学习过程？学习过程的数字化带来了更多的大数据，人工智能的数据处理引擎带来了更复杂、更精准的应用场景，更自然、更贴近人们日常生活的人机交互带来更直观的体验。各种教育大数据和人工智能应用层出不穷，学校的选择空间很大，但是在此之前，我们必须对学校的定位和自身需求有一个明确的认识：学校为什么需要教育大数据？教育大数据能帮学校做什么？学校是否需要转变应用数据的思维方式？

实际上，教育大数据并不神秘，它一直伴随着数字校园、智慧教室学习环境的建设、学习空间的应用、在线教育的发展等。教育大数据具体可以应用于精准教学、学情分析、精准管理、科学决策、学生生涯成长过程记录、学校数据统一优化。未来学校和智慧教育示范区的建设离不开教育大数据，教育大数据的应用也离不开管理者和师生对它的认识和理解，这些都是产生信息化价值的重要基础。

为了服务新时代大数据、人工智能等技术带来的教育变革需求，促进广大教育工作者深入理解和学习有关教育大数据应用的价值和知识，这套丛书应运而生。这套丛书内容全面、新颖，案例丰富且适合实践，可供关注教育大数据和教师培训的研究者和实践者使用，更值得关注未来学校发展和教师队伍建设的学校使用，也期待丛书能根据使用情况和技术的发展，愈加完善。

北京师范大学教授

序 三

　　以人工智能为代表的新一代信息技术对教育的发展具有重要影响，国家高度重视智慧教育的发展，希望加快人工智能在教育领域的创新应用。利用智能技术支撑人才培养模式的创新、教学方法的改革、教育治理能力的提升，构建智能化、网络化、个性化、终身化的教育体系，是推进教育均衡发展、促进教育公平、提高教育质量的重要手段，这也是实现我国教育现代化的重要动力和有力支撑手段。

　　对于学校，数据将会成为学校最重要的资产，这是教育大数据生态的基石。学校将是一个教育大数据中心，能够实现多层面数据价值的共享。对于课堂，数据的核心价值是形成闭环，并通过这种闭环迭代，使学生的学习效果越来越接近预期目标。如何迎接新时代教育大数据的挑战是学校面临的问题，本套丛书旨在帮助学校应用教育大数据，探索基于数据的思维转变过程，掌握应用教育大数据进行教育创新的方法。

　　本套丛书采用了新颖的内容组织形式，各册均采用扁平化组织，只有章的结构，没有节的结构。各章的结构要素包括知识检查点、能力里程碑、核心问题、问题串、活动。其中，知识检查点是知识检查的基本单元，能力里程碑是任务完成的标志性能力。各章通过核心问题引发学习者思考，以系列问题串组织内容，引导学习者通过评估性问题和反思性活动进行探究，实现知识学习和能力提升的演化过程。活动包括自主活动、小组活动和评价活动。在自主活动中，学习者首先对本章内容进行反思，反思在平时的教育实践中是否出现过类似的问题或现象等，然后写个人心得，结合本章内容阐述在以后的教学实践中可以有怎样的举措。在小组活动中，集体讨论本章所学内容，然后各抒己见，思考如何改善教学质量，属于小组层面的交流。评价活动用于评价和检测，不仅适用于参加教师培训的教师、教育管理者，还适用于不参加培训的广大学习者。这三个活动的设置符合研修的典型特征，每个活动都有一个聚焦的主题，不限定具体的活动内容，有利于组织者安排工作，根据实际的需要展开活动，也适合学习者的自主学习、反思。

　　本套丛书共分为五个系列，它们分别是：数据思维系列（全1册）、数据驱动的技术基础系列（全4册）、数据驱动的智慧学校系列（全4册）、数据驱动的智慧课堂系列（全

4册）、数据驱动的教育研究系列（全4册），共计17册。本套丛书的任何一册都可以单独组成8~12学时的培训课程，又可以以系列教材为主题组成培训主题单元模块。本套丛书既适用于国家层面、各省、各市、各区县级、各级各类学校进行有组织的教师教育和培训活动，又支持一线教师、教研员、管理者、研究者及教育服务人员的自主学习，还适合大学、研究生及高校教师进行参考和学习。本套丛书难免存在各种问题和不足，恳请各位同仁不吝赐教！

方海光

首都师范大学

2019年9月28日

前　言

学习离不开技术，而如何让技术更好地服务于学习，就取决于应用技术的思维了。学习、技术和思维，三者相辅相成，它们能否在教学上共同发挥效果，考验的是教师的能力。

21 世纪以来，随着互联网及人工智能的快速发展，以大数据为核心的信息革命已悄然发生。而大数据既是当今社会极为重要的一种资源，又是一种技术应用的思维方式，使人们的生活发生了巨大变化。如何将技术更好地应用于学习和教育是一个长期且动态发展的问题。因此，在信息时代，如何掌握人机结合的思维方式，如何进行数据挖掘和大数据应用，如何实现人工智能的智能精准分析，是现代社会研究的焦点。

学习环境建设对教育未来的发展十分重要，而应用环境进行教育的教师的能力和思维更加重要。在由互联网、物联网及人工智能所构建的未来学校环境中，教育大数据直接产生于学校的各类教学任务和活动中。我们围绕数据的积累及深度应用，通过对学校环境的不同教学业务类型及其场景的数据收集、处理和分析，实现学生的个性化学习，促进教师的精准教学，辅助校长的智能决策。

本书汇集了数字化学习实验室和人工智能教育研究中心近几年的研究成果，特别是在大数据、移动学习和人工智能所支持下的智慧教育、教师教育、未来学校等研究领域。本书内容丰富、逻辑清晰，扎根于理论，力求解决现实问题，实现中小学在原有教学模式上的创新。其中，既有对大数据及人工智能的全面介绍，也有对现今中小学教学模式及教育变革的思考，还有对未来几十年内大数据及人工智能在教育领域发展的探索。

本书适用于中小学的各学科一线教师、主任、校长和教研员，以及致力于未来学校建设和研究的同行们的交流和实践，也适用于各类教育教学管理和研究岗位上的老师和同学们进行参考和研究。

本书离不开教育部相关司局及研究单位的指导和引领，正是这些构建了这本书的基础。本书得到了首都师范大学教育学院同仁的大力支持，也得到了北京师范大学同仁的鼎力相助，特别感谢参与本书写作的蔡春教授、焦宝聪教授、樊磊教授、张鸽副教授及本研究团队的刘嘉琪、汪时冲、薛树树、李欢等同学的奉献和付出。谨以此书向以上各位表示由衷的感谢。最后，本书难免有不当之处，欢迎广大读者给予指正！

方海光

2019 年 9 月 15 日

目 录

第一章　学习、技术和思维 / 001

　　002　问题一：什么是学习？

　　003　问题二：什么是技术？

　　004　问题三：什么是思维？

　　006　问题四：用技术整合学习，需要具备什么思维？

　　007　问题五：系统思维的具体方法有哪些？

　　010　问题六：怎样运用系统思维解决问题？

第二章　学习和教育的反思 / 016

　　017　问题一：教育格局发生变化了吗？

　　021　问题二：什么是人文主义教育观？

　　024　问题三：学习到底是一种怎样的过程？

第三章　人工智能变革教育 / 030

　　031　问题一：什么是数字化、信息化、智能化？

　　033　问题二：人工智能是什么？

　　036　问题三：怎样理解人工智能教育？

　　039　问题四：人工智能如何助力教育变革？

第四章 教育大数据及其分析过程 / 044

045 问题一：什么是大数据？
047 问题二：怎样理解教育大数据？
050 问题三：教育大数据的分析过程是什么？
054 问题四：如何看待数据隐私保护？

第五章 大数据驱动的学生个性化学习 / 057

058 问题一：大数据为学习带来的变化是什么？
059 问题二：大数据带来的教育创新包括哪些内容？
060 问题三：大数据时代如何帮助学生实现个性化学习？

第六章 教师数据素养和智慧课堂建设 / 067

068 问题一：人工智能时代教师如何实现角色转型与专业发展？
072 问题二：大数据背景下的教师数据素养是什么？
073 问题三：教师如何设计智慧课堂？
075 问题四：教师如何进行课堂观察与量化分析？

第七章 校长思维方法和智慧校园建设 / 082

083 问题一：学校发展可采用的战略思维方法是什么？
085 问题二：校长可采用的决策方法有哪些？
090 问题三：如何建设大数据驱动的智慧校园？
092 问题四：大数据在智慧校园建设中的具体应用如何？

第八章　未来学校创新探索之路 / 096

- 097　问题一：怎样理解未来学校？
- 099　问题二：中国未来学校的概念框架是什么？
- 101　问题三：未来学校的建设方向有哪些？
- 103　问题四：未来学校在设计上有什么特征？
- 106　问题五：未来学校的应用案例有哪些？

参考资料 / 111

第一章 学习、技术和思维

本章学习目标

在本章的学习中，要努力达到如下目标：
- ◆ 了解学习、技术和思维的概念（知识检查点 1-1）。
- ◆ 了解系统思维的概念和价值（知识检查点 1-2）。
- ◆ 掌握系统思维的具体方法（能力里程碑 1-1）。
- ◆ 掌握运用系统思维解决问题的流程（能力里程碑 1-2）。

本章核心问题

学习、技术和思维之间存在着怎样的关系？系统思维的具体方法有哪些？如何运用系统思维解决问题？

本章内容结构

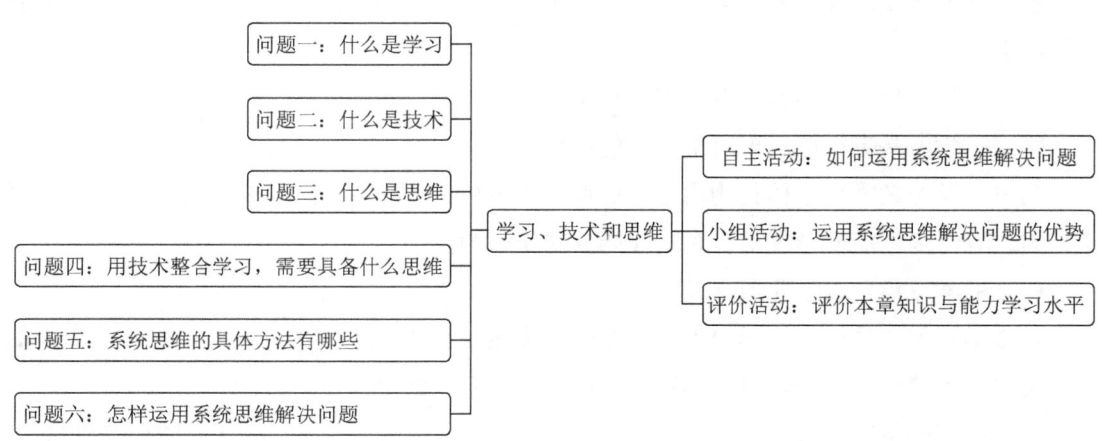

引　言

在《论语》中，子贡问为仁。子曰：工欲善其事，必先利其器。居是邦也，事其大夫之贤者，友其士之仁者。其中，"工欲善其事，必先利其器"这句名言的意思是：一个做手工或工艺的人，要想把工作做好，应该先把工具准备好。那么"为仁"要用什么工具呢？住在这个国家，要想对这个国家有所贡献，必须结交贤达的人。

因此，要想把事情做好，提高个人修养，就需要借助外力，借助外力更需要具体途径。换句话说，要想学习好，需要借助技术，而借助技术则需要具体思维。甚至可以这样认为，借助技术的思维方式比借助某种技术更重要！

问题一：什么是学习？

很多人认为，学习是人类特有的现象，是人类智慧的一种表现。科学家发现在地球生物38亿年的演化过程中，万物的感知能力不断提升，这是一个循序渐进的过程。当代的生物学研究发现，学习这一现象早在5亿年前的扁形软体动物时就已经发生了，特别是早期的软体动物已经出现了记忆现象，而记忆现象就是一种学习现象。

在《现代汉语词典》中，对"学习"是这样解释的：①从阅读、听讲、研究、实践中获得知识或技能。②效法。

《不列颠简明百科全书》第8卷中对"学习"是这样定义的：学习是通过实践获得的对行为模式的改变。

而《心理学辞典》中对"学习"是这样解释的：①掌握知识的过程或对知识的真正占有；学识，这一意义极为宽泛。②指作为被强化练习的结果而发生的反应潜能性上相对永久性的变化。心理学家瑟普（L.P.Thorpe）认为：学习是通过由经验产生的个体行为的适应性变化而表现出来的过程。而教育心理学家广泛认同的定义如下：学习是个体在特定情境下由于练习或反复经验而产生的行为或行为潜能的比较持久的变化。理解这个定义需要把握以下三点：

第一，学习是人与动物共有的普遍现象。

第二，学习是有机体后天习得经验的过程。

第三，学习表现为个体行为由于经验而发生的较稳定的变化。这种变化有时直接见诸于行为，有时则可能要经过很长时间才能反映于行为。

广义的学习包含以下几层含义。

1. 就学习的主体而言，学习首先是个体的事情，别人是无法替代的，同时，每个人的学习又构成了整个社会的学习。学习是个体性和社会性的统一。

2. 就学习的特征而言，学习既有正规的、系统的、自觉的，也有非正规的、零散的、自发的、偶然的。学习是正规性和非正规性的统一。

3. 就学习的范围而言，学习不只是学知识，还包括技能、能力、态度、思想、品德的学习。学习是知识性和发展性的统一。

4. 就学习的途径而言，既有通过读书来获取间接经验的途径，也有通过实践和实际生活来获取直接经验的途径；既有输入、吸收这一途径，也有输出、释放、使用这一途径。学习是认识和实践、间接性和直接性、输入性和输出性的统一。

简单地说，学习通常被定义为由经验引起的个体的变化。成长的变化（如长高）不是学习的实例。个体出生时就存在的特性也不是学习的实例（如对饥饿或疼痛的反射和反应）。学习与成长是密不可分的。学习走路是一个成长的过程，但也依赖于爬行和其他活动的经验。因此，学习是人们通过各种途径来获取社会生产和社会生活经验，以提高自身素质，更好地改造自然与社会的一种活动。

问题二：什么是技术？

一、技术的含义

自从人类社会产生，人类就从来没有离开过技术，比如古人保留火种的技术就是让雷电击中的枯树或者自燃起火的火种一直在岩洞洞穴中燃烧。直到发明了钻木取火，人类的生活方式才得以改善。

我们可以给技术定义为：技术是解决问题的方法和原理，指人们利用现有事物创造新事物，或改变现有事物的功能、性能的方法。

二、技术与人类的关系

首先，人离不开技术，技术离不开人。技术的进步，赋予了人类个体获得自由的技能和力量，技术的不断进步，使得人的能动性和主体性得到加强，人的自由向度越来越大。而技术是在人类发明创造的基础上逐渐发展起来的，技术及技术系统产生与发展的全过程都不可能脱离人而成为一个自生自灭的独立系统。

其次，技术是人类意志的载体。在人类社会发展的早期，由于人的思维水平和实践能力并不高，对科学的认知也不全，因此，在很多时候，技术产生和发展的偶然性、自发性更强。人类在技术应用方面更多依托于经验。这就使得部分技术的产生和发展并非出于人类自身的意愿，即使将技术简单地称为工具、用具、手段等，也是人类依据自身价值选择以及对自身所处的生存境遇的认知，它展示了人对世界的建构过程和结果。

再次，技术的发展与人类社会的发展相平行。因此，技术的优胜劣汰是与整个社会的发展相对应的。一方面，作为调控社会的手段，技术只有转化成现实的生产力，才能达到服务于人类的目的。另一方面，技术进步必须满足社会的需要，才能为社会所接受。社会的需要和社会发展水平决定着重大技术的革新。比如，历史上，由于受当时生产力发展水平的制约，很多作为动力的机械很难在社会中出现，而随着社会的进步，特别是近代工业的发展，以蒸汽机为代表的动力机械才出现在人们的生活中。总之，技术进步推动了社会发展，社会发展又反过来推动着技术进步。

三、技术与学习的关系

技术进步的过程也伴随着学习的过程，而学习与教育教学联系紧密。随着技术的发展，技术对于教育教学的核心价值集中表现在学生的学习上。我们从关注用于教学内容传递的技术，转变到关注赋予学生学习的技术。实际上，技术已经在应用中与"教"紧密关联，而与"学"密切相关的技术转变正是教育教学的变革方向之一。

技术不仅可以扩展学习的方式，丰富学习的路径，而且可以重构学习的环境、学习的内容、学习的目标，甚至整个学习的范式。因此，我们期望技术为学习带来更为有力的转变。更为有力的转变是使用适合的技术为学生和教师提供服务，这包括教师的教学设计和学生的学习过程两个方面，这两个方面都是技术作用于教育和学习的核心。

问题三：什么是思维？

一、思维的含义和特征

思维作为一种心理现象，是认识世界的一种高级反映形式。我们可以给思维定义：思维是人脑对客观事物的一种概括的、间接的反映，它反映客观事物的本质和规律。思维是在人的实践活动中，特别是在表象的基础上，借助于语言，以知识为中介来实现的。实践活动是思维的基础，表象是从对客观事物的直接感知过渡到抽象思维的一个中间环节，语言是思维活动的工具。思维由思维原料、思维主体和思维工具等组成。自然界提供思维的原料，人脑是思维的主体，认识的反映形式是思维的工具，三者同时具备，才产生思维活动。

思维具有概括性、间接性和能动性等特征。思维是在人的感性基础上，将一类事物的本质特征和规律抽取出来，加以概括，这就是思维的概括性。感觉和知觉只能反映个别事物的属性，而思维则能反映一类事物的本质和事物之间的规律性联系。例如，通过感觉和知觉，只能感知太阳东升西落这种现象，而通过思维则能解释这种现象。思维的间接性是指非直接的、以其他事物作媒介来反映客观事物。思维是凭借知识和经验对客观事物进行的间接反映。例如，医生根据医学知识和临床经验，通过询问病史和一定程度的辅助检查，就能判断病人内脏器官的病变情况，并确定其病因、病情，从而做出治疗方案。思维的能动性是一个重要的特征，它不仅能认识和反映客观世界，还能对客观世界进行改造。例如，人的肉眼看不到DNA分子，但人的思维却揭示了DNA分子的双螺旋结构，从而揭示了大自然潜藏的遗传密码。又如，人类不仅认识到了物体离开地球所需的速度，还制造出了地球卫星和宇宙飞船，并使其飞向太空。

二、思维的类型

思维有多种类型。按照进程方向，思维可分为横向思维、纵向思维、发散思维和收敛思维等；按照抽象程度，思维可分为直观行动思维、具体形象思维和抽象逻辑思维；按照覆盖范围，思维可分为系统思维和局部思维；按照应用领域，思维可分为科学思维与日常思维。

科学思维是一种形成并运用于科学认识活动的思维方式，是人脑借助信息符号进行加工处理的方式与途径。一般来说，科学思维比日常思维更严谨。从人类认识世界和改造世界的思维方式出发，科学思维又可分为理论思维、实验思维、计算思维和数据思维四种。一般来说，理论思维、实验思维、计算思维和数据思维分别对应于理论科学、实验科学、计算科学和数据科学。

理论思维又称逻辑思维，是指通过抽象概括事物的本质概念，应用科学的方法探寻概念之间联系的一种思维方法。它以推理和演绎为特征，以数学学科为代表。理论源于数学，理论思维支撑着所有的学科领域。正如数学一样，定义是理论思维的灵魂，定理和证明是理论思维的精髓，公理化方法是最重要的理论思维方法。

实验思维又称实证思维，是通过观察和实验获取自然规律法则的一种思维方法。它以观察和归纳自然规律为特征，以物理学科为代表。意大利科学家伽利略是实验思维的先驱，他被人们誉为"近代科学之父"。与理论思维不同，实验思维往往需要借助某种特定的设备来获取数据，以便进行分析。

计算思维又称构造思维，是指从具体的算法设计规范入手，通过算法过程的构造与实施来解决给定问题的一种思维方法。它以设计和构造为特征，以计算机学科为代表。计算思维就是思维过程或功能的计算模拟方法论，其研究目的是提供适当的方法，使人们能借助计算机，逐步实现人工智能的较高目标。如模式识别、决策、优化和自控等算法都属于计算思维范畴。

数据思维是通过获取和应用数据来分析和解决问题的一种思维方法。这个概念虽然很早就有，但直到近几年，随着大数据技术的飞速发展，才重新回到了思维认识的高度。实际上，数据思维一直是人类的一种思维方式之一，而且比科学思维形成得更早。科学思维应该是在数据思维之上产生的，而且科学思维中应该也包括了数据思维，如一些基于统计的学科，其实就是大数据思维的体现和应用。

不同类型的思维归根结底是为解决问题提供适当的方法，进一步探究技术支持学习的本质和规律，从而使技术更好地支持学习。

问题四：用技术整合学习，需要具备什么思维？

我国历史上有一个经典案例：在北宋时期，皇宫发生了一场火灾，需要重新修建。当时面临的问题主要有三个：取土、外地材料的运送和废弃瓦砾的处理。当时宋朝大臣丁渭负责这项工程。为了解决这个问题，丁渭绞尽脑汁，最后想出了一个好办法。他命人在皇宫前的大街上挖沟取土，然后将汴河水引入壕沟。各地运来的竹木都被编成筏子，连同各种材料，都通过这条水路运进来。皇宫修复后，他又让大家将拆下来的碎砖瓦连同火烧过的灰，都填进沟里，重新修成大路。这样不仅节约了大量时间，还节省了大量经费。正是因为丁渭修建皇宫的时候，在系统地把握工程项目信息的同时，将各方面信息进行整合，才取得了最终的成功。

同样，在分析技术如何支持和整合学习时，我们也需要运用系统思维来解决问题。研究发现，技术整合学习需要依靠系统的思维，系统思维是技术整合学习的有效途径之一。系统思维是一种逻辑抽象能力，也可以称为整体观、全局观。系统思维是指在考虑某一问题时，不是把它当作一个孤立、分割的问题来处理，而是当作一个有机关联的系统。简单来说，就是全面思考，不只是就事论事，而是把想要达到的结果、实现该结果的过程、过程的优化以及对未来的影响等一系列问题作为一个整体进行研究。掌握系统思维方法，特别是通过技术整合多种来源、多种过程的思维方法是一项重要的学习能力。系统思维的价值在于以下三点。

1. 解决复杂的问题

当你遇到一些背景复杂、信息混乱的情况时，系统思维可以帮你更加全面地了解目前的状况，看清全局的走向，从中找到最佳的解决方案。同时，你也可以清晰地看到系统中各个环节之间的联系，以此可以得知你做的每一个决定是如何"牵一发而动全身"的，那么接下来的每一步都会是谨慎、稳妥的。

2. 加深对事物的理解

运用系统思维，可以充分地了解事物。对整体状况的把握，有助于深入地了解问题的本源，而不单单是浮于表面的现象。

3. 减少错误决策

如果对问题的了解不够全面，就会漏掉一些关键信息，最终导致决策失误。系统思维会让你的认识更加全面，尽量避免失误和有失水准的判断。

> **理论导学：常见的思维模型**

模型是指对某个实际问题或客观事物、规律抽象后的一种形式化表达方式。从某种意义上来说，模型是人们间接地研究和处理事物的一种工具。常见的思维模型主要包括以下几种。

1. 数学模型

数学模型是在对实际问题进行分析和高度抽象的基础上建立起来的一组数学表达式（公式），它是客观事物运行规律和发展趋势的反映。在信息处理系统中，通过对数学模型的处理，可以实现人类对事物发展变化的控制。

2. 程序模型

程序模型是对实际问题求解的一种形式化表达方式。它可以是一组有序的求解问题的公式，也可以是一个问题的处理流程（框架或步骤），甚至可以是我们常用来解决某个实际问题的计算机语言程序模块。

3. 数据模型

在设计和建立数据库时，数据模型用于提供数据表示和操作手段。数据模型是严格定义的概念集合，这些概念精确地描述了系统的动、静态特征和完整性约束条件。因此，数据模型通常由数据结构模型、数据操作模型和数据的完整性约束模型三部分组成。

实际上，模型的种类繁多，如何准确地分析事物，建立起能直观反映事物变化规律的模型就成为解决问题的关键。建立模型一般分为如下几个步骤：

（1）客观、准确地调查和分析所要解决的问题；

（2）在弄清问题的实质和核心后，基于现有的知识和经验进行归纳、总结；

（3）建立求解问题的模型；

（4）验证模型是否准确地反映了事物的变化规律。

问题五：系统思维的具体方法有哪些？

在系统思维中，我们使用一些特定的活动来描述方法，这些活动可以组合成为一系列活动或者更复杂的活动过程。系统思维主要包括以下六种方法。

一、寻找关联

要形成系统思维，需要转变思维方式，从线性思维转向循环思维。这种转变的基本原理是一切事物都是相互联系的。比如说，一切事物的生成都依赖于其他事物。人类需要食物、空气和水来维持生命，树木需要二氧化碳和光照来生存。所以，当我们从系统思维的角度说"一切事物都是相互联系的"时，就定义了一个生命的基本原则。从这一点上可以改变看待世界的方式，即将世界观从线性的、结构化的转变为动态的、相互关联的。

二、完成整合

一般来说，整合是指两个或多个事物的结合，事物之间通过某种方式彼此衔接，创造出新的事物。系统思维的目标是整合，而不是将复杂事物分解为可管理的多个部分。所有的系统都是动态的，而且常常是复杂的。因此，我们需要通过整合来理解事物。如图1-1所示，A、B、C、D、E、G、H为7个节点，各代表不同的事物，通过节点之间的有机连接紧密联系，从而形成一个新事物。

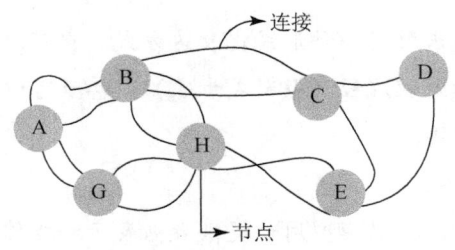

图1-1　整合关系图

三、判断聚合

从系统思维的角度来看，更大的事物来自于更小的元素，这就是聚合。聚合是事物聚集在一起的自然结果。从抽象意义上来说，聚合描述了生命如何以各种独特的方式从个体生物元素中产生的普遍概念。聚合是各部分协同作用的结果，它涉及非线性和自组织，我们经常使用"聚合"来描述事物相互作用的结果。聚合的一个典型例子是雪花，它是由环境因素和生物因素造成的。

四、反馈循环

生活中每件事都是相互关联的，因此，系统的元素之间存在不断的反馈循环和流动。我们了解了反馈循环的类型和动态，就可以在系统思维中采用，并观察、理解和干预它们。

反馈循环有两种主要类型，分别是加强和平衡，如图1-2所示。与系统论和电子学一样，加强反馈循环通常不是一件好事，因为它不利于系统的稳定。当一个系统中的某种元素加强时，这种情况就会发生，例如，人口增长或藻类在池塘中的生长。在加强循环中，一个元素的丰富性可以不断地加强，这往往不利于其他元素的平衡。然而，一个平衡的反馈循环是系统中元素平衡的关键。大自然把这种情况归结为捕食者与猎物的关系——如果你从一个生态系统中带走了大量的同一种动物，那么你会发现另一种动物的种群爆炸，这是另一种反馈加强。

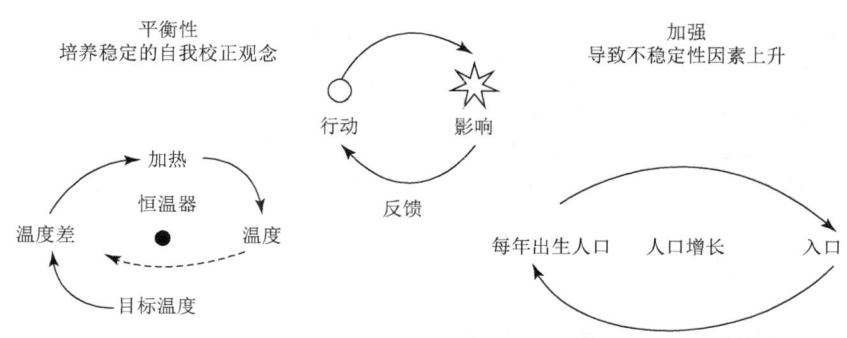

图 1-2 反馈循环关系图

五、寻找因果

理解反馈循环是为了获得因果关系，即一个事物是如何在一个动态的、不断进化的系统中生成另一个事物的。实际上，所有系统都是动态的，在某种程度上不断变化，这就是生命的本质。如图 1-3 所示，特定行动导致特定结果，这就是因果关系，而这个结果又构成了下一个行动的决定未来因素，从而形成了新一轮的行动导致结果的因果关系。因果关系作为系统思维中的一个方法，能够破解事物在系统中相互影响的方式。要想理解因果关系，可以更深入地了解反馈循环和联系，这些都是系统映射的基本组成部分。

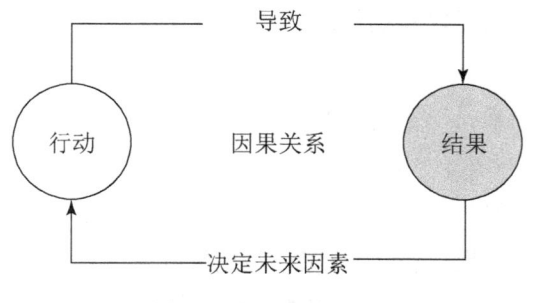

图 1-3 因果关系图

六、系统映射

系统映射是系统思维的关键方法之一。从模拟集群映射到复杂的数字反馈分析，有很多种映射类型。如图 1-4 所示，分别从不同的映射类型进行系统映射：随时间变化的行为是二维映射，金字塔模型是层次映射，逻辑关系图是循环映射，连接圈是网状映射。识别和映射系统中"事物"的要素，可以了解它们在复杂系统中是如何关联的。

通过对以上六种关键方法的介绍，我们可以更深入地解释系统思维，从而制订一个面向"事物如何运动"的关键模块，对解决实际问题的系统思维提供具体路径和支持。

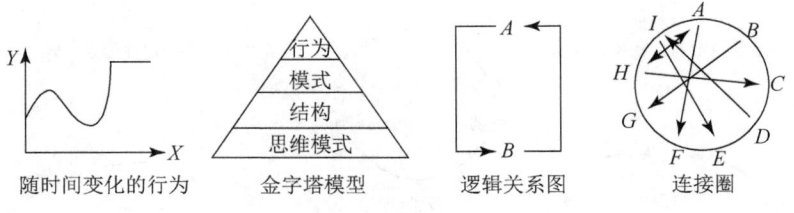

图 1-4　系统映射的类型

问题六：怎样运用系统思维解决问题？

一个人能力的大小在很大程度上取决于问题解决能力的大小。面对同样的问题，善于解决问题的人很快就能发现问题的本质，从而有针对性地给出解决方案；而问题解决能力不足的人往往表现为思维混乱，不知道该从哪里下手。

当然，问题解决能力不是一成不变的，可以通过学习去积累，这也和一个人的思维方式密切相关。举例来说，一个小学生做数学应用题，不知道思考已知条件、未知条件及它们之间的关系，他怎么可能正确解题呢？同理，运用系统思维解决问题，首先要搞清楚问题是什么。使用系统思维解决问题的基本步骤如下。

一、界定问题要素

可以从以下四个方面来界定问题要素：

1. 准确描述问题；
2. 明确问题的构成要素；
3. 探究问题的本质；
4. 提出问题隐含的假设。

准确描述问题就是把问题进行量化，或者举例说明问题。比如"怎么能高效学习"这种问题就过于笼统，换成"如何在一小时内熟练掌握 50 个单词"，才能更有针对性地解决问题。

明确问题的构成要素，就是要分解问题，分析问题由哪几部分组成。比如说，一般我们最常用的是 5W2H 法，通过明确七个问题：Why（为什么）、What（是什么）、Where（在何处）、When（在何时）、Who（由谁做）、How（怎么做）、How Much（要多少），找出问题的构成要素。只有明确了问题的构成要素，才能合理配置资源和时间，即使资源不足，也知道该去哪里寻找。特别要说明的是，你所看到的往往都是一些表面现象，而不是真正的问题，问题隐藏在现象的背后，要想解决问题，只有穿过层层现象找出问题的本质。

探究问题本质的主要途径是多问几个"为什么"。有些问题的存在是有前提条件的，但我们往往把它当成一种理所当然的现象。想要解决这类问题，必须找出问题隐含的假设。

比如说，"这一届学生的数学水平不高，真的没有办法了"。这种问题就隐含了时间假设和环境假设，现在水平不高，不代表永远都学习不好。也许将来在其他环境下，学生会突然意识到学习的重要性，后来者居上。

二、构建问题框架

构建问题框架有两种典型方法，分别是自上而下的框架选择法和自下而上的框架提炼法。

自上而下的框架选择法就是从已有的框架中选择一个框架，这种选择相对来说要简单一点，需要我们平时注意积累各种框架，像马斯洛需求层次框架、智慧课堂SMART框架等。不同的领域都有前人总结出来的相关的知识框架，我们要做的就是找到这些框架，熟练应用并内化到自己的思维中。

当然，所在的环境不同，每个人要应对的问题就不同。一些不具备普遍性的问题没有现成的、可选的框架，就需要应用自下而上的框架提炼法来解决。框架提炼法有四个步骤：罗列要点、连线归类、形成框架、检查框架。

第一步，罗列要点。

这一步我们需要做的主要就是发散思考和头脑风暴。我们可以通过可视化的方法帮助大脑思考，在可视化过程中，写下你要解决的问题，然后围绕这个问题思考，想到什么就写下什么。在这个过程中，你可能会遇到思考障碍。思考障碍会阻碍我们产生想法，那该如何破解呢？要习惯于保留判断。也就是说，不要着急对你写下的想法做出任何判断。如"好或者不好，对或者不对"。一旦出现思考障碍，无法进行下去，可以按照顺序尝试以下几种方法。

1. 回头看你写下的那些想法，集中精力读一读其中的某个想法，然后你可能会有新想法，把新想法写下来。

2. 运用一些可以激发想象力的策略，比如加强非常规反应，也就是"不按常理出牌"，或者自由联想，让思维再次"流动"起来。

3. 重复抄写你的想法，写下想法的同时要仔细思考每一个想法，特别留意新想法的出现。

4. 把要解决的问题搁置一段时间，直到你对问题有了新的看法。

以上过程并没有想象中那么简单，可能会遇到其他阻碍，所以，只有坚持练习和反复思考，才有利于问题的解决。

第二步，连线归类。

这一步要做的就是把第一步罗列出的要点进行归纳整理，而且是按照逻辑顺序进行归纳。举例来说，班级计划组织一场辩论赛，那么围绕辩论赛这个主题，我们首先要做的是罗列出和辩论赛相关的要点，然后用连线的方法将这些要点归类。可以按照时间的先后顺序进行整理，即辩论赛前、辩论赛中、辩论赛后；也可以按照开始、进行和结束这样的逻辑顺序来总结归纳。把罗列出的要点按照一定的逻辑顺序归类到相应的组里，就完成了第二步，一个思维导图基本就形成了。

第三步，形成框架。

一般我们应用最多的框架图是矩阵图（见图1-5）和逻辑树。矩阵图是通过两个维度的交叉分析，把问题分解为四种类型，每种类型在两个维度上都有不同的特征，它适用于问题分解的框架；逻辑树是从左到右的收敛性思考的过程，它适用于问题解决的框架。逻辑树与思维导图侧重点不同，逻辑树是面向问题解决的逐级分层罗列的过程，而思维导图是从中心向四周发散思考的过程，主要用于创造性思考。

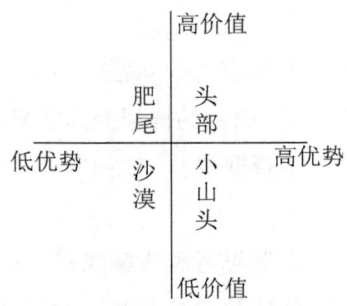

图1-5 矩阵图

第四步，检查框架。

检查框架时应做到不重叠、不遗漏，各部分都要符合以下两个基本要求：

1. 各部分之间相互独立，互不影响；

2. 没有遗漏。

至此，框架构建完成。

三、确定关键问题

参照第二部分的问题框架，我们要找出所要解决的关键问题。问题一般都有重点和非重点之分，高效的人往往擅长抓住重点部分，把大部分的时间和资源都用在主要问题上，从而达到事半功倍的效果。

四、执行分解任务

这个阶段要做的工作主要是任务分解和任务制订。任务分解即把一个大任务分解成可执行的小任务，然后按照时间配置资源，接下来就是按照制订好的计划依次执行任务。

五、检查、完善

在执行任务的过程中，如果发现潜藏问题或新问题，应随时记录下来，每完成一个小任务，都要反思这个过程中做得好的地方和需要改进的地方，以便完善框架。

以上五个步骤构成了一个完整的系统思维过程。系统思维借助框架来思考和表达，而框架表达了系统的组成元素及各个元素之间的联系。在整个过程中，界定问题要素是发现问题；构建问题框架和确定关键问题是分析问题；执行分解任务和检查、完善是解决问题。这样，通过系统思维的五个步骤实现了发现问题、分析问题和解决问题。

本章内容小结

本章我们了解了学习、技术和思维的概念（知识检查点 1-1）及系统思维的概念和价值（知识检查点 1-2），掌握了系统思维的具体方法（能力里程碑 1-1），以及运用系统思维解决问题的流程（能力里程碑 1-2）。

本章的思维导图如图 1-6 所示。

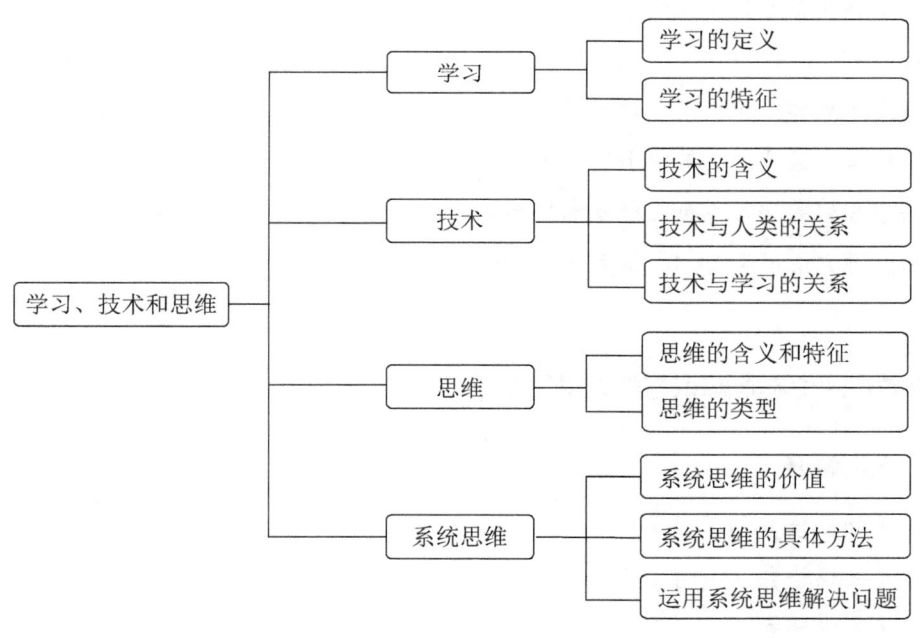

图 1-6　思维导图

自主活动：如何运用系统思维解决问题

一、自我反思

请学习者在学习完本章内容后，依据本章学习目标和核心问题，结合本章内容小结来进行自我反思，并建立"个人自我反思.doc"，书写本章自我反思的具体情况，在书写的过程中和书写结束后保存该文件。

二、书写学习心得

请学习者再建立"个人学习心得.doc"，结合本章学习内容和自我反思来书写本章学习心得，在书写的过程中和书写结束后保存该文件。

三、检查评价活动完成情况

请学习者在完成评价活动后，检查评价活动的完成情况。

小组活动：运用系统思维解决问题的优势

请学习者以小组为单位完成本章内容的学习。在本章内容学习完毕后，每个学习小组建立"小组合作学习记录.doc"，并书写小组学习心得，在书写的过程中和书写结束后保存该文件。

请每个小组和小组成员分享本章的"小组合作学习记录.doc"，并根据小组成员的建议修正小组学习记录，完善"小组合作学习记录.doc"。

请每个小组的学习成员围绕本章的学习主题进行讨论和交流，并将小组合作学习的成功之处和改进方法记录为"小组主题学习记录.doc"。

评价活动：评价本章知识与能力学习水平

一、名词解释

学习（知识检查点1-1）

技术（知识检查点1-1）

思维（知识检查点1-1）

系统思维（知识检查点1-2）

二、简述题

1. 你理解的学习、技术和思维的定义是什么？请说说它们三者之间存在怎样的关系。

2. 有人认为，问题解决了就可以了，至于用什么方法，无关紧要。针对这一看法，请结合本章所提及的系统思维，谈谈你的看法（知识检查点1-2）。

三、实践项目

请你回顾，在实际教学工作中，是否存在实际的教学工作问题，可用系统思维来解决？请书写一个文档，简单阐述一下问题，将运用系统思维解决问题的过程在文档中详细表述清楚（能力里程碑1-2）。

第二章　学习和教育的反思

本章学习目标

在本章的学习中，要努力达到如下目标：
- ◆ 了解反思教育所带来的教育变革（知识检查点 2-1）。
- ◆ 了解人文主义教育观（知识检查点 2-2）。
- ◆ 能够说出人文主义教育对"以学生为中心"的教育要求（能力里程碑 2-1）。
- ◆ 能够描述技术支持的学习过程（能力里程碑 2-2）。

本章核心问题

当今的教育格局发生了怎样的变化？人文主义教育观是什么？技术支持的学习过程是怎样的？

本章内容结构

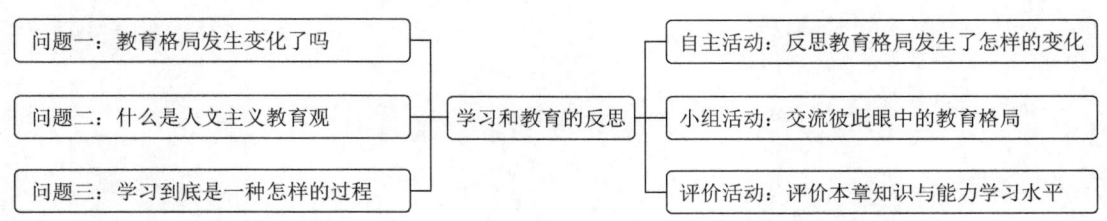

引 言

随着技术的进步,人类生活逐步走向智慧化,智慧环境下,人类活动会产生大量的数据。大数据并非一时兴起,而是一场已经开始的革命。大数据很快就会涉及每一项业务,也会涉及每一个学生。围绕着数据的积累和深度应用,人类构造了在互联网、物联网、人工智能支持下的智慧学习环境,这种环境支持学生在任何时间、任何地点,开展任何形式的学习,时刻伴随着学生的学习和成长。在这样的环境下,随着学习数据量的增加,我们的数据分析能力也在增强。可以预期,即使是新建成的学校,也会有某种形式的数据在发挥作用,并引发学习体验的改变。因此,面对新技术带来的新挑战和新机遇,我们需要重新反思学校和教育的应变路线,这对今后学校的"教书"和"育人"提出了更高的要求。

问题一:教育格局发生变化了吗?

一、人类文明进程中的教育形态变迁

历史塑造了当下,也预示着未来。不了解教育发展历史,就很难对互联网教育创新现象进行准确判断,更难以理解和预测人工智能和大数据应用带来的教育格局的变化。因此,有必要对教育发展的历史,尤其是近代教育形态的变迁进行反思。

道格拉斯·诺斯(Douglass C. North)是新经济史的先驱者、开拓者和抗议者,1993年获得诺贝尔经济学奖。他开创性地运用新古典经济学和经济计量学来研究经济史问题。他说:"今天和明天的选择是由过去决定的。" 诺斯教授认为:历史是通过环境因素的连续性对未来有一定的决定作用。从教育大数据的视域来看,我们可以通过教育事实数据来预测未来,而这种连续性的关键是教育环境。换句话说,教育环境是人类文明具有延续性的重要因素,而教育具有延续性的重要因素是学生的学习环境,这个学习环境更多地体现为学校教育环境和家庭教育环境。

教育是一个伴随人类生产劳动而产生的古老而又崭新的社会现象,它的诞生源于人类自身发展和参与社会生活的需要。因此,自有人类历史以来就有教育,并且人类发展的每一步,包括文化在内的所有创造物,都凝结了教育的成果。从原始社会到农耕时代、工业时代,再到信息时代,生产力的发展不断推动人类创造新的世界,也带来了学习内容、学习方式和学习环境的变迁。

在原始社会,原始人为了获得生存资料而进行最基本的教育活动。人们的学习内容与原始生活和生产需要相适应,主要表现在宗教仪式和食物获取的过程中对部落习俗和基本生存技能的模仿、试错和体验。农耕时代,人类脱离狩猎为主的生存方式,告别丛林,劳动剩余增加,从而逐步形成相对完整的教育体系,包括家庭教育、学校教育和社会教育。

农耕时代，学生主要在书院通过阅读、吟诵和领悟等方式学习农耕知识和道德规范，人类的学习开始与仕途及社会期许等因素相关。

18世纪60年代，蒸汽驱动设备的出现，标志着第一次工业革命的开始，从此人类迈进蒸汽时代。但是这一时期的教育相对于农耕时期并没有太大的改变。

一直到19世纪下半叶，基于劳动分工、电力驱动的大规模生产的出现，标志着第二次工业革命的开始，人类进入电气时代。大规模工业化生产的发展需要培养大量操作熟练的产业工人，从而出现了班级授课制，改变了农耕时代基于个别指导和学生自学的教育形态。人们的学习主要是为了获得工业生产所需要的基本知识与职业技能。该阶段的学习内容以制造技能、科学知识、人文素养为主，学生在规定的时段于固定班级中学习，学习方式主要以听讲、记忆、操练为主，遵循直观性原则、循序渐进原则和巩固性原则等。

20世纪70年代，计算机的出现标志着第三次工业革命的开始，21世纪以来，计算机和自动化技术已经能够代替人类完成大量工作，记忆、操练等学习方式已经不再适应社会发展的需要，而个人终身发展的需求日趋强烈。在人才培养目标和学习内容上，更加关注信息素养、自主发展和社会参与；在学习方式上，混合学习、合作探究、联通学习等日益普及，学习时空也由学校物理空间拓展到网络空间。

真正的智慧时代或许要在21世纪中叶以后到来，人工智慧和增强智能技术将从解决单一特定任务（如下棋、机械制造）、解决特定领域问题（如人机对话、机器人高考）到变革行业（如服务机器人、智能制造），全面服务于人们的学习、工作和生活。那时，整个人类社会也许将真正进入人与人、人与物、物与物全面互联的智慧时代。为了维护全人类的共同利益，社会对学习能力、设计创造能力和社会责任的需求将比以往任何时代都更为强烈，智能技术的支持和学习资源的极大丰富将使得任意时间和任意地点的学习成为可能，人们需要的是联结真实世界的学习内容和个性化的学习方式。

目前，社会处于信息时代向智能时代过渡的过程中，教育形态仍然呈现出工业时代末期教育的典型特征，虽然很多新型学校已在探索和尝试，但这一探索过程或许还将持续更长时间。数字化和智能化带来的教育格局的变化不仅能在规模扩张、空间拓展方面促进教育发展，还能够为优质资源配置和教育公平提供便捷手段，同时也为教育质量提高和结构优化等带来重要机遇。从国家教育现代化发展战略来看，正确认识信息技术引发的教育变革的发展规律，有针对性地进行教育变革的整体设计，深化教育综合变革，将有利于加快我国从教育大国迈向教育强国。

二、世界格局和教育格局的变化

1. 世界格局的变化

第二次世界大战后的世界格局一直处于剧烈的变化之中。《学会生存：教育世界的今天和明天》(《富尔报告》1972，以下简称《学会生存》)揭示了20世纪70年代教育所面临的外部压力和挑战：科学发展的前景令人振奋，但科学的非人性逻辑又让人感到害怕；经济发展的不平衡导致国家间的差距日益加大，加剧了世界的紧张状态；技术发展在解决问题的同时也引起了环境的恶化；科技的进步和生活方式的变革既带来了民主的繁荣，也成为不公平、冷漠和新暴政的根源。《教育：财富蕴藏其中》(《德洛尔报告》1996)指出了技术、经济和社会变革引发的诸多问题：全球化使人们由基层社区走向世界，也暴露出种种不平衡现象；冷战结束并未带来人们期望的和平，世界反而变得更加复杂；全球化带来的社会混乱和破裂使传统生活方式和社会秩序受到严峻挑战；唯经济主义发展观导致发展的不平衡。

《反思教育：向"全球共同利益"的理念转变》(以下简称《反思教育》)指出经济增长的主流发展模式存在根本性矛盾：过度开发导致气候变化、自然资源退化和生物多样性丧失等生态问题；城市化的迅猛发展对生存、公共卫生造成威胁；财富越来越集中在少数人手中，不平等现象加剧，并引发政治动荡和暴力冲突；数字技术并未解决甚至助长了排他主义的盛行；人权问题虽有进步，但实现法治和伸张正义的愿望在强大的利益集团霸权面前不堪一击。

世界格局变化所呈现出的错综复杂的现象和矛盾冲突，增强了人们对可持续发展的向往，迫使人们拓宽视野，更新观念，解决共同问题，消除普遍矛盾。而人文主义发展观有助于我们超越狭隘的功利主义和经济主义，实现新的发展模式，将人类生存的多个方面融合起来；人文主义发展观的道德伦理原则反对暴力、不宽容、歧视和排斥，有助于实现和平、包容和社会正义。

2. 教育格局的变化

与世界格局的变革相一致，教育格局在20世纪70年代之前的20多年里也发生了巨大变化。《学会生存》中首先分析了三种新的教育现象，即教育先行、教育预见和教育成果被社会拒绝。同时，这一时期的教育出现了一些共同的倾向：教育的举办者由社会转为国家和公共团体；教育投入急剧增加，入学人数增加，教育规模扩大，高等教育结构扩充；各类型教育之间的联系日渐增强；教育开始扩展到学校以外。《教育：财富蕴藏其中》展示了20世纪后30年教育格局的变化：教育环境更加多样化，校外学习机会不断增加，教育已经超出正规系统的范围；终身教育将成为进入21世纪的关键所在；人口增长与教育财政困难的矛盾不断凸显；信息和传播新技术，尤其是计算机网络的影响，将波及全世界。

《反思教育》中指出，21世纪的教育格局和学习格局正在发生剧变，其中涉及方法、内容和学习空间等。这些变化具体包括：学校教育模式受到信息技术的挑战，正规教育机构之外的学习具有重要性和相关性，学习格局变得更加复杂多样；在教室、学校和其他教育机构之外出现了新的学习空间，对课堂教学带来了挑战；移动设备改变了知识获取的途径,使学习变得无处不在;大规模开放式在线课程(MOOC)使传统大学模式面临挑战,高等教育正在经历着多样化、开放化和国际化的变革,在全球竞争日益激烈的情况下,需要重新界定将高等教育机构与社会联系起来的社会契约。

教育格局和学习格局的变化,反映了教育的旧问题和新挑战。要应对这些变化,需要提出一套"普遍使用的伦理原则",《反思教育》中指出"教育不仅关系到学习技能,还涉及尊重生命和人格尊严的价值观,而这是在多样化世界中实现社会和谐的必要条件,伦理问题对于发展进程至关重要"。而人文主义教育观恰恰提供了这种理念和方法。"人文主义方法让教育辩论超越了经济发展中的功利主义作用,着重关注包容性和不会产生排斥及边缘化的教育。人文主义方法可以指导人们应对全球学习格局的变化,以实现所有人的可持续发展。"

因此,由世界格局的变化反思教育格局的变化,恰恰证明了教育对于改变世界的重要作用。而这种教育又必须是抛弃了实用主义和功利主义观念、在人文主义教育观指导和引领下的教育。"仅凭教育不能解决所有发展问题,但着眼于全局的人文主义教育方法可以并且应该有助于实现新的发展模式。"正如《反思教育》中所提到的:"教育可以而且必须促进新的全球可持续发展观""必须根据公平、可行、可持续的人类和社会发展新观念来重新审视教育的目的"。人文主义观点是改变教育观、发展观和价值观的基础,人文主义教育观必须得到重申和重视。

三、教育公共服务的出现

教育公共服务是伴随着现代学校和公共教育制度的发展,以及现代政府的主要职能逐步转向公共服务而出现的。人类社会发展的早期,教育作为一种传授知识和灌输思想的重要工具,主要是为少数统治者和神职人员所垄断的一种特权。

在封建社会,即使有一部分普通的劳动者能够接受一定的教育,那也仅仅是一件私人的事情。文艺复兴后,一些启蒙思想家开始针对封建专制教育提出新的教育观。资本主义国家诞生后,纷纷通过法律保障的形式,直接参与对教育的投资、组织和管理,以政府投资和实行义务初等教育为内容的近代公共教育制度正式形成。

20世纪以来,为适应现代社会迅速发展的需要,教育,尤其是以政府为主导的公共教育在全世界范围内蓬勃发展。世界各国不断完善公共教育制度,如增加公共教育投资,延长义务教育年限,整顿教育行政管理。同时随着民主和公平成为世界范围的价值追求,许多国家都把教育的平等化和民主化作为公共教育改革发展的主要目标。义务教育的普及使人们认识到,在经济、政治地位和家庭环境不平等的社会条件下,追求绝对的教育民主化和教育平等是脱离现实的空想,人们在教育和实施公共教育中开始追求教育机会均等。因此,在从古代社会到现代社会的进程中,教育发生了深刻的变化,即"伴随着教育权力由家庭转向社会、国家,教育便开始从家庭私人领域的活动变成国家公共领域的事务。"

20世纪中叶以来，在国家福利主义、新公共管理理论、治理理论、社会资本理论和新公共服务理论的影响下，欧美发达国家传统的公共部门管理模式发生了一系列变革，大致经历了一个从传统公共行政理论到新公共管理理论，再到新公共服务理论的范式转变与发展的历程。以财政保障、民主治理、平等享有、主体多元、鼓励竞争、公民参与为主要特征的服务型政府，成为各国政府改革的主要价值目标。公共教育作为政府重要的公共服务职能之一，成为公共服务的基本内容，教育公共服务由此成为公共教育领域改革发展中最受关注的内容。

在教育领域，教育公共服务尚无比较完整的定义，大多借助或套用公共服务的概念，这也反映出行政改革对公共教育运动的重要影响。比照对公共服务的理解，有研究认为，教育公共服务可以解释为由政府主导、惠及社会公众与满足社会教育共同利益需求的公益性服务。教育公共服务产品由政府部门提供，但其生产可由政府部门、公共组织、非政府组织、非营利组织乃至私营部门完成。在公共服务理论历经的"老公共行政""新公共管理"和"新公共服务"三种主要范式的演变中，教育公共服务表现为三种形态。

1. 政府控制型

政府控制型教育公共服务强调教育公共服务的属性和政府的基本伦理责任。在教育领域中表现为：政府同时承担了教育提供者和生产者的角色，既是教育服务的决策者和付费者，又承担了直接向社会提供服务的职责。

2. 市场主导型

市场主导型教育公共服务指私营企业或者非营利组织成为教育服务产品的供给者和生产者，强调价值规律的作用，重视自由竞争为教育带来的积极效应。以市场竞争为基础的新公共管理范式，强调教育服务的市场介入，改变主要由政府垄断的公共教育的局面，向市场和公民社会领域转移公共教育权力，把过去由政府提供的具有竞争性、选择性的公共教育交由市场和公民社会提供。

3. 混合型

混合型教育公共服务发挥政府和市场这两种资源配置方式的力量。以公民精神和公共利益为主旨的新公共服务，摒弃了新公共管理中教育效益至上的理念，突出政府在教育治理结构中的利益协商作用。

问题二：什么是人文主义教育观？

一、人文主义教育观

在科技迅猛发展和功利主义盛行的时代，科学主义虽然备受批判，但依然广泛影响着社会各个领域。《反思教育》的序言开宗明义，指出"人文主义教育观是根本的共同利益"，并在第二部分"重申人文主义方法"中详细阐述了人文主义教育观。报告对人文主义教育观的重申具有重要意义，下面我们将结合报告内容，对人文主义教育观进行说明。

《反思教育》中指出，"维护和增强个人在其他人和自然面前的尊严、能力和福祉，应是21世纪教育的根本宗旨。这种愿望可以称为人文主义，是教科文组织应从概念和实践两方面承担起的使命。"在不同的历史时期和多元的文化传统中，人们对人文主义的概念有着不同的解读。从文艺复兴到启蒙运动，从现象学、存在主义、宗教哲学到后现代主义、女权主义，再到超人文主义或后人文主义，人们对人文主义的理解大相径庭。但有一个共同点，即人文主义关注的是道德、伦理、公平和正义方面的问题。《反思教育》对人文主义价值观的解释是："尊重生命和人格尊严，权利平等和社会正义，文化和社会多样性，以及为建设我们共同的未来而实现团结和共担责任的意识。"

人文主义教育观（又称为人本主义教育观）产生于20世纪50年代末，倡导教育革新运动，其主要代表人物是马斯洛（A.H.Maslow）和罗杰斯（C.R.Rogers）。人文主义教育观强调人的尊严和价值，重视研究人的本性、动机、潜能、尊严、理想、兴趣、经验及价值。运用人文主义心理学的原理指导教育教学，形成了一种自由教育，以学生为中心，以发展学生的自我潜能和价值为目标的人文主义教育。

人文主义从根本上讲就是以人为本。在教育史上，许多教育家受人文主义思想影响，提出过各种人文主义教育学说。综合中西方人文主义教育观的主要观点，可以这样概括人文主义教育观：人文主义教育基于对人的"终极意义"的追求，对人的价值的关怀和自我理解的关心，强调人的情感体验，注重学生的内心世界、主观世界的发展变化，把学生当作一个活生生的、有个性的、有生命价值的主体来看待，深入挖掘主体的内在需要、情感、动机和主观愿望，从满足主体生存需要的角度来开发其学习的潜力。

近几十年来，人文主义教育观在中小学和大学进行的教育实践和理论研究取得了许多重要的成果。人文主义教育观要求用一种新的教育，培养"丰满的人性""全面发展的人"，以适应社会发展的需要，其主要观点如下。

1. 目的观

人文主义教育思想强调教育的目的是促进人的个性发展，培养有个性的人。许多人文主义教育家认为教育的根本目的是帮助发展人的个体性，帮助学生认识到他们自己的独特性，并最终帮助学生发掘其潜能。由于人的经验和个人体验的不同，每个学生都是有差异的，因此，人文主义教育尊重学生的个性差异和个人价值观。人文主义教育认为，教育和教学就应该使学生发展得更像他们自己，而不是相互类似。

2. 课程观

人文主义教育把课程的重点从教材转向个人。以往由专家精心设计，注重教材思想结构的分解课程，无视学生的心理特征，让人难以整体把握。因此，人文主义教育提出课程的"统合"观：一是学生心理发展与教材逻辑结构的吻合；二是情感领域与认知领域的整合；三是相关学科在经验指导下的综合。"统合"观强调知识的广度而非深度，关心知识的内容而非形式，弥补了传统课程的不足。

3. 师生观

教学成败的关键在于教师能不能为学生创造出一种自由学习的氛围。而这种氛围的实质乃是师生关系，师生关系是一种特殊的人际关系。在这种特殊关系中，教师不再是传统教育中的权威者、管理者、控制者、组织者，而是学生学习的促进者。学生是教育的对象，是不成熟的群体，通过教育教学活动，可使自身得到不断的发展并走向成熟。但学生又是一个充满情感、活力、个性的生命群体。他们在人格上、地位上与教师是平等的，学生和学生之间的人格、地位也是平等的。所以，人文主义教育提出要转变角色，建立平等、民主的全新师生关系。每一个学生都是具有个人感情的独特的人，而不只是接收知识的容器。教师角色应有别于传统教学，即教师不再是握有知识的权威者，而是一位愿意帮助学生探索未知的人，正如罗杰斯所描述的那样，教师应是学生学习和发展的促进者、鼓励者和帮助者。

4. 教学观

人文主义教育强调教学以学生为中心，努力适应学生的各种需要，发挥他们的各种潜能，使他们能够愉快地、创造性地学习，以培养心理健康的人。在教学过程中，应"以学生为中心"，让学生成为学习的真正主体。在教学方式上，强调个性教学，为了促进学生个性的形成，应尽可能采用个性化的教学方式。

总之，人文主义教育观从"人的本性"出发，要求教育给学生更多的关爱，重视学生的情感和尊严，创造最好的条件，促使每个人达到他所能及的最佳状态，帮助个体发现与他真正契合的学习内容和方法，提供一种良好的学习和成长的氛围，使学生体验到学习带来的愉悦感，帮助学生逐步达到"自我实现"的理想境界。

二、"以学生为中心"的人文主义教育观

1."以学生为中心"的教育基础

罗杰斯主张在教育与教学过程中促进学生个性的发展，发挥学生的潜能，培养学生学习的积极性和主动性，对当代教育思想和教学方法改革产生了重要影响。罗杰斯提出了一系列人文主义的教育思想，其中"以学生为中心"是其教育理论的立足点。罗杰斯的人文

主义教育思想主张教育应以促进学生的自我实现为宗旨，关注学生心理和精神的健康发展，要求教师信任和尊重学生，提供资源并营造良好的学习气氛。

人文主义的教学观是建立在学习观的基础之上的。罗杰斯从人文主义的学习观出发，认为凡是可以教给别人的知识，相对来说都是无用的；能够影响个体行为的知识，只能是他自己发现并加以同化的知识。因此，教学的结果如果不是毫无意义的，那就可能是有害的。教师的任务不是教学生学习知识（这是行为主义者所强调的），也不是教学生如何学习（这是认知主义者所重视的），而是为学生提供各种学习资源和促进学习的氛围，让学生自己决定如何学习。

2. 发挥学生的潜能，达到自我实现的目的

自我实现是人强烈的理想和倾向，是人的本性。教育的职能和目的是人的自我实现，是丰满人性的过程，引导人达到他所能达到的最佳状态。具体而言，在教育的帮助下，激发学生的学习动机、潜能和发展学生积极向上的自我概念，从而使学生能够自己教育自己，最终达到自我实现的目的。

从自我实现人格论出发，我们可以看到，无条件的尊重和自尊是前提。每一个人都需要发掘潜力，从而达到自我实现。以学生为中心发挥学生的潜能，其实质也是人的自我实现。在实际的教学中，我们要把学生看作一个有目的、能够自主选择，并从中得到满足的人，而不是机械地刺激，尽量激发学生的潜能。

3. 重视学习过程，促进自我评价

自我评价既是学习过程的出发点，又是学习过程的归宿。人文主义主张学生自己评价自己，认为自我评价表达了一种赞同或不赞同的态度，表明了一个人对自身的能力、重要性和价值的信任程度，它反对所谓的客观测验，认为要采取开卷的方法。

在我们的教学中，要使学生真正明白自己学得如何，有无达到预定的目的，应该往哪个方向努力。要平等对待学生、尊重学生、不伤害学生的自尊心。在我们的日常教学中，应制订评价目标与方案，安排一定的时间让学生进行自我总结，发现自身的优势与不足之处，这样会最大限度地激发学生对学习的热爱。

问题三：学习到底是一种怎样的过程？

学习过程是指学生在教学情境中通过与教师、同学和教学内容的相互作用来获得知识、技能和成长的过程。很明显，学习过程支持了人文主义教育观，并将过程定义为学习信息相互作用的过程。通过应用技术对学生的学习过程进行分析，可以促进学生更好地进行自我管理和自我评价，还可以促进学生个人潜能的发挥。

一、加涅的信息加工模式

随着信息加工理论和电子计算机模拟技术的迅速发展，信息加工的模式也日益成熟。认知心理学家认为，人类的学习过程与计算机处理信息的过程相似，他们把人类对知识、技能的学习看成是信息在人脑中的流程，并用信息流程指代学习过程。最著名的是心理学家加涅（Robert Mills Gagne）在1974年提出的信息加工模式。

信息加工模式指出，学习与记忆是密不可分的，如果只学习而不记忆，学习就失去了意义。对人来说，记忆是学习过程的产物，学习活动必然会产生记忆。所以，对学习过程的论述总是包含记忆过程。

加涅认为，一个学习过程就是一个信息流程。学生从环境中接受刺激，这个刺激推动受纳器（听觉、视觉等）运作，并产生神经信息。开始的时候，这个信息进入感觉登记器，维持很短的时间（大约百分之几秒），感觉登记器所记载的信息并不是都能被传递下去，只有那些能引起注意的对象才能被感觉到，这通常被称为选择性知觉。完成了这个转变，便进入短时记忆。学习过程的最后一个环节是反馈。反馈是向学生证明他的学习是否已经达到目的。反馈常常要求学生外部的核对，但反馈的主要结果显然是内部的，它主要用来巩固学习，使学会的东西能得到持久应用，这种现象又称为强化。

根据上述的信息加工流程，加涅把学习过程分为八个阶段，并认为学习过程的每个阶段中相应的心理状态不是自发的，而是在教学环境的影响下出现的。加涅认为学习过程的八个阶段分别为：①动机阶段（期待）；②领会阶段（选择性知觉）；③获得阶段（编码）；④保持阶段（储存）；⑤回忆阶段（检索）；⑥概括阶段（迁移）；⑦动作阶段（反应）；⑧反馈阶段（强化）。

概括地说，这种理论把学习过程描述为信息输入—编码—加工—储存—译码—输出的过程。目前，也有一种观点不赞同这种模拟，认为信息概念、信息过程的应用虽然十分广泛，在某种程度上对计算机适用，对人类也适用，但没有囊括人类认知过程的特殊性和复杂性。人的认知过程主要以理性认识为主导，以个体经验为基础，并始终伴随着情感和意志的活动。人类的学习是受人的意志所影响的，而这些用信息加工过程是代替不了的。计算机与人脑不同，人脑的思维是长期社会实践的结果，人的意识是社会的产物，而计算机模拟的是没有意义的思维。人不但能认识世界，还能在认识的基础上改造世界，在改造世界的同时，也能改造自己的主观世界。这些远非计算机所能办到。因此，根据人学习的特殊性和复杂性，我们看到了信息加工模式的局限性，简单而机械地引用信息加工模式来解释人的学习过程，是不妥当的，它不能代替人对知识、技能的学习过程。另外，计算机的模拟是有限的模拟，在这方面还有很长的路要走。

实际上，应用既有的学习理论去支持人工智能模拟人类的学习过程，能够帮助人类更好地学习，这是一个不断探索、循环往复的过程。在这个过程中，虽然还有很多困难，但也有很多机会。我们应该庆幸的是认识到了人工智能和大数据带来的影响。一方面，通过大数据的积累，会有新的教育应用的预期产生；另一方面，在某些具体的场景下会有一定的超越人类的优势发生。

二、杜威的儿童中心主义活动过程

杜威（John Dewey）是20世纪影响最大的教育家之一，是实用主义的集大成者。他提出了教育本质论、教学论、儿童与教师论、伦理学等相关理论，并从实用主义经验论和机能心理学出发，批判了传统的学校教育。杜威曾说："我们教育终将引起的政变是重心的转移。这是一种变革，是一种革命，这是和哥白尼把天文学的中心从地球转到太阳一样的那种革命。这里，儿童是中心，教育的措施便围绕他们而组织起来。"

杜威认为，儿童的发展是以本能活动为主的先天生理机能的发展，而教育则是用来促进这种本能发展的。所以学校生活应该以儿童为中心，与儿童的本能和需要相一致，反对忽视儿童内部机能和倾向。杜威强调，在学校生活中，我们必须站在儿童的立场上，儿童是出发点，是中心，也是目的。但在强调儿童的中心地位的同时，杜威并不支持教师完全放手。由于教育过程是一种双边活动的过程，强调的是儿童与教师真正意义上的合作，因此，教师不仅应该给儿童提供适当的成长机会和条件，而且应该观察儿童的成长动态并给予真正的引导。如果教师对儿童采取放任的态度，实际上就是没有担负起引导责任。所以在杜威看来，对于儿童，把教育变成一种外在的压力，或完全放任自流，两者都是不对的。

杜威还从教育与社会的关系上提出了"教育即生活"的观点。他认为，一切事物的存在都因人与环境的相互作用而产生，人不能脱离环境，学校也不能脱离生活。在儿童教育上，也应当把教育与儿童眼前的生活融为一体，最好的教育就是从生活中学习。所以学校的课程不能只限于书本、教材和文字，还应该立足于儿童的生活经验。在教学上应当从儿童现有的直接经验开始，注重培养儿童对现实社会的适应能力。从儿童获取知识的角度来看，他认为，教育就是通过儿童的自主活动去体验一切和获得直接经验的过程，即把求知的过程和知识视为一体，让儿童在交互中获得经验。

三、技术支持的学习过程

技术支持的学习过程也将成为智慧学习和未来学校的典型特征。未来学校教育将是自组织的，学校形态将是一个自组织的智慧学习环境，支持完全的个性化学习，不仅能补齐学生薄弱的知识结构，还能促进学生的优势与特长发展。在全面采集全体学生的全学习过程数据的基础上，按照心理学、学习科学、数据科学等原理与模型，进行教育大数据分析，可以精确地了解他们的认知结构、知识结构、情感结构、能力倾向和个性特征。在此基础上，自组织课程的结构、自组织学习的路径和自组织学习的内容都将出现。

通过对未来学校的教育大数据分析，可以向学生提供全学习过程的服务，提供精准的教育资源，可以更加合理地编排多媒体资源、技术和教学内容，可以提升未来学校的学习支持服务响应和调整时间，更好地适应学生的全学习过程的需求。

案例分析：美国高中的全新学习过程追踪档案

由近百所美国顶尖私立高中组成的联盟 MTC（Mastery Transcript Consortium）发明了一种全新的学生评价体系。它不含分数和等级，而是持续追踪学生的学习动态，评估学生的 8 项能力。MTC 认为 SAT、ACT、高中 GPA 等成绩并不能全面体现学生的综合素质。因此，MTC 集合了一批来自顶尖私立高中的教育专家，研究出一套全新的高中生评价体系。该体系获得了美国大学多个申请系统的支持。整个电子档案记录、评估的内容包括：

1. 分析和创造性思维；
2. 复杂沟通——口头及书面表达能力；
3. 领导力及团队合作能力；
4. 信息技术及数理能力；
5. 全球视野；3
6. 高适应性、主动探索、承担风险能力；
7. 品德和理性兼顾的决策能力；
8. 思维习惯。

未来，每个学生一入学，便会为其建立档案，并持续地对其学习状态进行动态更新。高中毕业后，申请大学时一键即可提交全部档案和学习过程材料，不需要另行准备资料。招生官可以点击进入每一项，了解学生中小学阶段的相关情况，这将是一份持续更新的全息档案。

——摘自"MTC 即将颠覆美国高中评价体系？中国留学生该如何应对？"

本章内容小结

本章我们学习了教育格局的新变化（知识检查点 2-1），重新审视了人文主义教育观（知识检查点 2-2），明确了"以学生为中心"的教育要求（能力里程碑 2-1）及技术支持的学习过程（能力里程碑 2-2）。

本章内容的思维导图如图 2-1 所示。

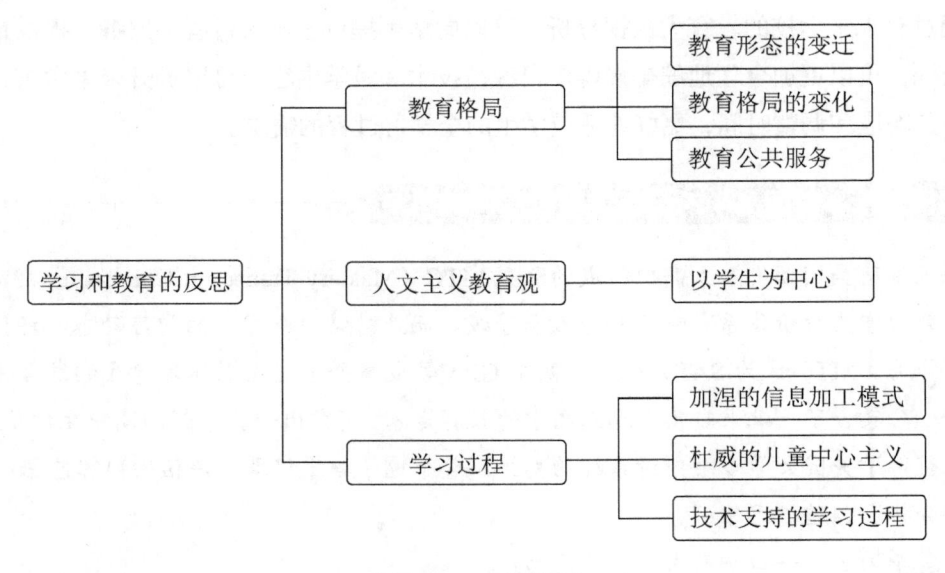

```
                                          ┌── 教育形态的变迁
                          ┌── 教育格局 ────┼── 教育格局的变化
                          │                └── 教育公共服务
                          │
学习和教育的反思 ─────────┼── 人文主义教育观 ── 以学生为中心
                          │
                          │                ┌── 加涅的信息加工模式
                          └── 学习过程 ────┼── 杜威的儿童中心主义
                                           └── 技术支持的学习过程
```

图 2-1　思维导图

自主活动：反思教育格局发生了怎样的变化

一、自我反思

请学习者在学习完本章内容后，依据本章学习目标和核心问题，结合本章内容小结来进行自我反思，并建立"个人自我反思.doc"，书写本章自我反思的具体情况，在书写的过程中和书写结束后保存该文件。

二、书写学习心得

请学习者再建立"个人学习心得.doc"，结合本章学习内容和自我反思来书写本章学习心得，在书写的过程中和书写结束后保存该文件。

三、检查评价活动完成情况

请学习者在完成评价活动后，检查评价活动的完成情况。

小组活动：交流彼此眼中的教育格局

请学习者以小组为单位完成本章内容的学习。在本章内容学习完毕后，每个学习小组建立"小组合作学习记录.doc"，并书写小组学习心得，在书写的过程中和书写结束后保存该文件。

请每个小组和小组成员分享本章的"小组合作学习记录.doc",并根据小组成员的建议修正小组学习记录,完善"小组合作学习记录.doc"。

请每个小组的学习成员围绕本章的学习主题进行讨论和交流,并将小组合作学习的成功之处和改进方法记录为"小组主题学习记录.doc"。

评价活动:评价本章知识与能力学习水平

一、名词解释

人文主义教育观(知识检查点2-2)

学习过程(能力里程碑2-2)

二、简述题

1. 重新反思教育,请简要说一说,我们的教育格局发生了哪些方面的变化(知识检查点2-1)。

2. 请结合人文主义教育观,谈一谈其对"以学生为中心"的教育宗旨提出了怎样的要求(能力里程碑2-1)。

3. 教育大数据强调学习过程,这种技术支持的学习过程是怎样的(能力里程碑2-2)?

三、实践项目

在实际教学工作中,如何对学生的学习过程进行记录?请书写一个文档,简单阐述一下记录哪些学习过程数据来帮助学生进行自我评价(能力里程碑2-2)。

第三章 人工智能变革教育

本章学习目标

在本章的学习中，要努力达到如下目标：

- ◆ 了解人工智能及其特征（知识检查点 3-1）。
- ◆ 了解人工智能教育的概念（知识检查点 3-2）。
- ◆ 了解人工智能变革教育的主要表现（知识检查点 3-3）。
- ◆ 能够说出人工智能的关键技术（能力里程碑 3-1）。
- ◆ 能够说出人工智能教育的应用场景（能力里程碑 3-2）。
- ◆ 能够说出人工智能教育发展的重要议题（能力里程碑 3-3）。

本章核心问题

人工智能是什么？怎么理解人工智能教育？人工智能变革教育的主要表现有哪些？

本章内容结构

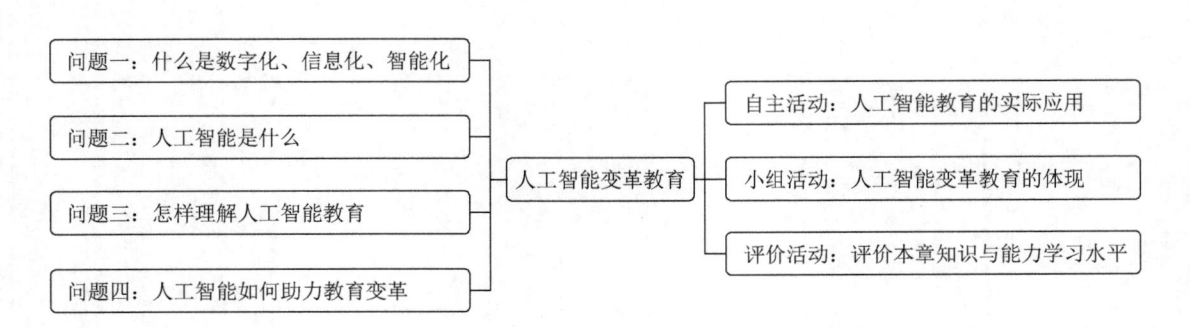

| 问题一：什么是数字化、信息化、智能化 |
| 问题二：人工智能是什么 |
| 问题三：怎样理解人工智能教育 |
| 问题四：人工智能如何助力教育变革 |

人工智能变革教育：
- 自主活动：人工智能教育的实际应用
- 小组活动：人工智能变革教育的体现
- 评价活动：评价本章知识与能力学习水平

第三章 人工智能变革教育

引言

随着技术进步的加快，数据也在快速增长，由此带来的第三次人工智能高潮更是在飞速发展。最近几年创造的数据比整个人类历史上创造的数据还要多，人工智能在以前所未有的速度改造着我们的生活。教育作为我们生活中很重要的一部分，也在受人工智能的影响。实际上，学校已经有很多人工智能的典型应用案例。学校的人工智能测评系统可以通过三轮测试做到精准训练：第一轮测试可以发现学生知识体系中存在的主要问题；第二轮测试可以针对主要问题补短板；第三轮测试可以判断短板是否已经补齐。每一轮测试都缩小范围，使得诊断越来越精确。这有点类似于病人去医院检查，先做各种检查确定问题，再针对具体问题进行治疗。另外，从考试的角度来说，人工智能可以把考试研究到极致，使得学生不用再做以往重复的套题。

人工智能可以代替教师做很多事情。那么学生对教师的需求降低了吗？教师的价值又体现在哪里呢？由于人工智能的应用，教师教学和学生学习与以前相比都有了很大的改变，教师上课之前就能捕捉本堂课的主要问题，从而能在课堂上解决最重要的问题，课后进行检测和拓展。课前、课中、课后没有界限了，课内、课外也没有围墙了。教师的价值在于如何运用技术更好地捕捉学生的问题，关注并引导每一个学生。

问题一：什么是数字化、信息化、智能化？

一、数字化

从专业角度上讲，数字化的概念有两层含义：第一，可计算性。即将复杂多变的信息转变为可以度量的数字、数据，再用这些数字、数据建立适当的数字化模型，并转变为一系列二进制代码，使其成为可计算的对象。第二，可量化性。即将任何连续变化的输入转化为一串分离的单元，在计算机中用数字 0 和 1 表示。

数字化是计算机、多媒体技术、软件技术、智能技术的基础，也是信息化的技术基础。可以说，没有数字化技术，就没有今天的计算机、互联网，也没有今天的信息化。基于数字化技术的各类产品层出不穷，正在引发一场范围广泛的产品革命，各种家用电器设备、信息处理设备都在向数字化方向发展。如数字电视、数字广播、数字电影，以及数字医院、数字校园、数字图书馆、数字家庭、数字企业等。

二、信息化

信息化离不开"信息"。广义地说，信息就是消息。整个人类的进化史，同时也是一部人类信息活动的演进史。而信息技术是有关信息的产生、收集、处理、传递和存储等方面的技术。信息技术经历了五次革命：第一次是语言的产生和使用；第二次是文字的创造；第三次是造纸术和印刷术的发明；第四次是电信技术的普及；第五次是电子计算机的应用及其与现代通信技术的结合。这五次信息技术革命，每一次都对人类社会的发展产生了巨大的推动力，带来了人类社会的飞跃式进步。现代意义上的信息技术，是在电信技术之后产生和发展起来的。现代信息技术是由计算机技术、通信技术、信息处理技术和控制技术等组成的一门综合性的高新技术。

三、智能化

一般我们把从感觉到记忆再到思维这一过程称为"智慧"，智慧的结果是行为和语言，行为和语言的表达过程称为"能力"，两者合称为"智能"。智能一般具有以下特点：第一，具有感知能力，即感知外部世界、获取外部信息的能力，这是产生智能活动的前提条件和必要条件；第二，具有记忆和思维能力，即能够存储感知到的外部信息及其思维成果，同时能够利用已有的知识对信息进行分析、计算、比较、判断、联想、决策；第三，具有学习能力和自适应能力，即通过与环境的相互作用，不断学习和积累知识，使自己能够适应环境变化；第四，具有行为决策能力，即能够对外界的刺激作出反应，形成决策，并传达相应的信息。具有以上四个特点的系统，我们一般称为智能系统或智能化系统。

四、数字化、信息化、智能化的区别

从数据发展的角度来看，数字化和信息化的主要区别之一表现为数据源头的数据自动化程度。我们可以认为传统主要依靠人工录入的信息系统是信息化的主要表现形式，现在终端设备每天记录学生的学习行为，记录学生观看微课的时间和次数，这些数据绝大多数不是人工录入的，而是由智能设备自动采集的，这就是数字化程度高的表现。而且在这个过程中，采集—呈现—分析几乎同时完成，不但大大提高了工作效率，节约了人工成本，更重要的是产生了大数据。过去很大一部分数据需要依靠人工来统计，现在可以交给数字化设备。例如，教室里安装了物联网设备，并且设定了工作阈值：温度计检测到教室内温度高于30℃时，会自动开启空调降温，使室内温度维持在25~27℃。

因此，数字化的本质是机器采集和分析数据的自动化程度。一般情况下，数据采集和录入由机器完成，在人工预设的规则下触发的自动化工作，都可以称为数字化。数字化表现在两个方面：一是逻辑的数字化，二是数据量。当海量数据需要云端协同的时候，云计算的优势就显现出来了。在这种情况下是数字化，但还不是智能化。日常生活中，摄像头可以记录每个路口每天经过了多少车、多少人、什么车、什么人，然后交由交通部门做科学分析，预测未来交通状况。这就是推动城市智慧大脑发展的意义，至于智慧的程度，就要交给智能化了。

数字化与智能化的主要区别表现在基于数据的最终决策由人来承担的程度。现在我们

拥有海量的数据，也能对其进行实时处理和分析，但是这样的大数据计算、分析和运用都不是智能化，而是数字化，因为最后依据数据分析结果作决策的是人，至少大部分场景下是人，而不是机器。

由此可以看出，智能化的表现是 AI 利用大数据分析结果自动化决策的程度。学生的辅助机器人可以根据学生的基本特征（年级、心理、性格）数据、学校行为数据、学习过程数据作决策，自动为学生分配个性化学习资源，并根据学生的动态实时更新。这个过程中，人是不需要参与运营的，AI 会为每一个学生提供个性化的学习路径和学习环境。到这个阶段，可以说初步实现了智能化。

问题二：人工智能是什么？

一、人工智能及其特征

人工智能可以解释为利用计算机或者计算机控制的机器，模拟、延伸和扩展人的智能，感知环境、获取知识，并使用知识获得最佳结果的理论、方法、技术及应用系统。通俗地讲，与一般信息技术相比，人工智能的最大特征在于人工智能是具备自主学习和自我进化能力的系统，而且随着系统的运行，其性能会越来越好。

人工智能和教育创新一直是紧密联系的。从早期简单的计算机辅助教学（CAI）和智能教学系统（ITS），到基于学生行为数据智能处理的学生建模与学习分析，再到如今结合教育大数据与深度学习算法建立的个性化、自适应学习系统等都是具体的应用。人工智能在教育中的应用，包括智能导师系统、智能机器人、智能阅卷、个性化智能推荐等。人工智能还将在教学组织形式、教师角色、智能校园、教育宏观决策等方面带来显著变化，从而极大地促进教育的发展。

《人工智能标准化白皮书（2018 版）》指出，人工智能的特征包括以下内容。

1. 由人类设计，为人类服务，本质为计算，基础为数据

从根本上说，人工智能系统必须以人为本，由人类设计，按照人类设定的程序逻辑或软件算法，通过人类发明的芯片等硬件载体来运行。其本质体现为计算，通过对数据的采集、加工、处理、分析和挖掘，形成有价值的信息流和知识模型，为人类提供延伸人类能力的服务，实现对人类期望的一些"智能行为"的模拟，在理想情况下必须体现服务人类的特点，而不应该伤害人类，特别是不应该有目的地做出伤害人类的行为。

2. 能感知环境，能产生反应，能与人交互，能与人互补

人工智能系统应能借助传感器等器件产生对外界环境（包括人类）进行感知的能力，可以像人一样通过听觉、视觉、嗅觉、触觉等感觉器官接收来自环境的各种信息，对外界

输入产生文字、语言、表情、动作（控制执行机构）等必要的反应，甚至影响到环境或人类。借助于按钮、键盘、鼠标、屏幕、手势、体态、表情、力反馈、虚拟现实、增强现实等媒介，人与机器间可以发生交互，使机器设备越来越"理解"人类乃至与人类共同协作、优势互补。这样，人工智能系统就能够帮助人类做人类不擅长、不喜欢但机器能够完成的工作，而人类则有更多的时间去做富有创造性、洞察力、想象力、灵活性、情感性的一些工作。

3. 有适应特性，有学习能力，有演化迭代，有连接扩展

人工智能系统在理想情况下应具有一定的自适应特性和学习能力，即具有一定的随环境、数据或任务变化而自适应调节参数或优化模型的能力；并且能够在此基础上通过与云、端、人、物越来越广泛、深入地数字化连接、扩展，实现机器客体乃至人类主体的演化迭代，以使系统具有适应性、鲁棒性、灵活性、扩展性，来应对不断变化的现实环境，从而使人工智能系统在各行各业都得到丰富的应用。

二、人工智能关键技术

1. 机器学习

机器学习是一门涉及统计学、系统辨识、逼近理论、神经网络、优化理论、计算机科学、脑科学等诸多领域的交叉学科，研究计算机怎样模拟或实现人类的学习行为，以获取新的知识或技能，重新组织已有的知识结构，使之不断改善自身的性能，是人工智能技术的核心。基于数据的机器学习是现代智能技术中的重要方法之一，可以从观测数据（样本）出发，寻找规律，利用这些规律对未来数据或无法观测的数据进行预测。

2. 知识图谱

知识图谱本质上是结构化的语义知识库，是一种由节点和边组成的图数据结构，以符号形式描述物理世界中的概念及其相互关系，其基本组成单位是"实体—关系—实体"三元组，以及实体与相关"属性—值"对。不同实体之间通过关系相互联结，构成网状的知识结构。在知识图谱中，每个节点表示现实世界的"实体"，每条边为实体与实体之间的"关系"。通俗来讲，知识图谱就是把所有不同种类的信息连接在一起而得到的一个关系网络，提供了从"关系"的角度去分析问题的能力。

3. 自然语言处理

自然语言处理是计算机科学领域与人工智能领域中的一个重要方向，主要研究能实现人与计算机之间用自然语言进行有效沟通的方法。涉及的领域较多，主要包括机器翻译、机器阅读理解和问答系统等。

4. 人机交互技术

人机交互技术主要研究人和计算机之间的信息交换，是人工智能领域重要的外围技术。

人机交互是与认知心理学、人机工程学、多媒体技术、虚拟现实技术等密切相关的综合学科。传统的人与计算机之间的信息交换主要依靠交互设备进行，包括键盘、鼠标、操纵杆、数据服装、眼动跟踪器、位置跟踪器、数据手套、压力笔等输入设备，以及打印机、绘图仪、显示器、头盔式显示器、音箱等输出设备。人机交互技术除了传统的基本交互和图形交互外，还包括语音交互、情感交互、体感交互等技术。

5. 计算机视觉

计算机视觉是使用计算机模仿人类视觉系统的科学，让计算机拥有类似人类的提取、处理、理解和分析图像以及图像序列的能力。自动驾驶、机器人、智能医疗等领域均需要通过计算机视觉技术从视觉信号中提取并处理信息。计算机视觉可分为计算成像学、图像理解、三维视觉、动态视觉和视频编解码五大类。

6. 生物特征识别技术

生物特征识别技术是指通过个体生理特征或行为特征对个体身份进行识别、认证的技术。从应用流程看，生物特征识别通常分为注册和识别两个阶段。注册阶段通过传感器对人体的生物表征信息进行采集，如利用图像传感器对指纹和人脸等光学信息进行采集，利用数据预处理及特征提取技术对采集的数据进行处理，得到相应的特征并进行存储。识别过程采用与注册过程一致的信息采集方式对待识别人进行信息采集、数据预处理和特征提取，然后将提取的特征与存储的特征进行比对分析，完成识别。从应用任务看，生物特征识别一般分为辨认与确认两种任务，辨认是从存储库中确定待识别人身份的过程，是一对多的问题；确认是将待识别人信息与存储库中特定的单人信息进行比对，从而确定待识别人身份的过程，是一对一的问题。

7. 虚拟现实/增强现实

虚拟现实（VR）/增强现实（AR）是以计算机为核心的新型视听技术。结合相关科学技术，在一定范围内生成与真实环境的视觉、听觉、触感等效果高度近似的数字化环境。用户通过显示设备、跟踪定位设备、触力觉交互设备、数据获取设备、专用芯片等与数字化环境中的对象进行交互，获得近似真实的感受和体验。

三、人工智能与大数据的关系

《数据时代 2025》报告显示，2025 年全球数据总量将达到 163ZB。这意味着，2025 年全球数据总量将比 2016 年增长 10 倍多。其中属于数据分析的数据总量相比 2016 年将增长 50 倍，达到 5.2ZB；属于认知系统的数据总量将增长 100 倍之多。爆炸性增长的数据推动着新技术的萌发、壮大。

大数据技术主要包括对数据的采集与预处理、存储与管理、分析与加工、可视化计算等，具备速度快、处理能力强、可靠性强、价值大、密度低等特点，为人工智能提供丰富的数据和训练资源。

无论是无人驾驶，还是机器翻译；不管是智能机器人，还是精准医疗，都可以见到"学习"大量的"非结构化数据"的身影。机器学习等技术的发展推动着人工智能的进步。以计算视觉为例，作为一个数据复杂的领域，传统的浅层算法识别准确率并不高。自机器学习出现以后，基于寻找合适特征的机器识别几乎代表了计算机视觉的全部，图像识别精准度从70%提升到95%。由此可见，人工智能的快速演进，不仅需要理论研究，还需要大量的数据作为支撑。

在计算力指数级增长及高价值数据的驱动下，以人工智能为核心的智能化技术正不断延伸技术应用广度，拓展技术突破深度，增强技术落地速度。例如，在新零售领域，大数据与人工智能技术的结合，可以提升人脸识别的准确率，商家可以更好地预测每月的销售情况；在交通领域，基于大量的交通数据开发的智能交通流量预测、智能交通疏导等人工智能应用可以实现对整体交通网络的智能控制；在教育领域，大数据和人工智能技术的结合，能够提供学习数据分析、视频图像分析、能力辅助诊断等更便捷、更智能的教育服务。在产业领域，智能安防、自动驾驶、医疗影像等都在加速落地。

随着人工智能的快速应用及普及，数据将不断累积，深度学习及强化学习等算法将不断优化，大数据技术将与人工智能技术更紧密地结合，从而能从数据中获取更准确、更深层次的知识，挖掘数据背后的价值，催生出新业态、新模式。综上所述，人工智能和大数据是紧密相关的，两者相辅相成，共同发展，人工智能和大数据在具体的应用上是一个应用的两个不同技术层面。

问题三：怎样理解人工智能教育？

一般将人工智能教育理解为人工智能支持的教育，尤其是新一代人工智能带来的对具体教育场景和技术应用领域的支持，即"AI+教育"。人工智能教育更侧重于人工智能技术的应用价值，比如：数据思维带来的新的学校管理智能决策方式，为每一位学生提供个人诊断报告；机器学习带来的以往优秀学生的表现特征的总结，指导新学生职业方向的选择。

新一代人工智能技术在全球范围内蓬勃兴起，正在深刻影响并改变着人类的生产生活方式。人工智能被认为是第四次工业革命的重要推动力，是未来国家之间竞争的关键赛场。近年来，世界各国纷纷开始部署人工智能发展战略，制订行动计划，抢占人工智能技术发展的制高点。人工智能技术的发展靠人才，人才的培养靠教育，教育的发展也得益于人工智能技术的进步。可以说，人工智能为未来教育的变革与发展创造了新的机遇，为教育发展提供了无限可能；反过来，教育也为人工智能的发展提供了持续动力。

从国家教育发展战略来看，教育的发展离不开技术创新，以人工智能为代表的新一代信息技术对教育发展具有革命性的影响。利用人工智能技术支撑人才培养模式的创新、教学方法的改革、教育治理能力的提升，构建智能化、网络化、个性化、终身化的教育体系，是推进教育均衡发展、促进教育公平、提高教育质量的重要手段，是实现教育现代化的重要动力和有力支撑。

可见，人工智能技术通过提供的模型和算法服务构造智慧校园和智慧课堂，也构造了智慧学习空间，通过提高环境的智能程度为学生提供不同的学习资源和学习路径，从而朝着个性化学习的方向逐步发展。因此，为了更好地理解人工智能教育，我们需要在理论方面了解什么是分布式认知理论和自适应学习理论。

一、分布式认知理论和自适应学习理论

1. 分布式认知理论

分布式认知理论是由哈钦斯（Edwin Hutchins）在20世纪80年代对传统认知观点进行批判的基础上提出来的。哈钦斯认为，认知是分布的，认知现象不仅包含个人头脑中所发生的认知活动，还包括人与人之间及人与工具、技术之间通过交互实现某一活动的过程，认知分布于个体间，分布于环境、媒介、文化之中。分布式认知理论认为，认知不仅仅依赖于认知主体，还涉及其他认知个体、认知工具及认知情境，要在由个体与其他个体、人工制品所组成的功能系统的层面来解释认知现象。

分布式认知理论对于人工智能促进教学变革具有重要的指导意义。

第一，分布式认知中的"人工制品"，如工具、技术等可起到转移认知任务、降低认知负荷的作用。当学生所学的内容超出其认知范围而无法解决时，可借助智能化学习软件帮助其减轻认知负荷，引导学生向深度认知发展。同时可将简单、重复性的认知任务交由智能机器人完成，个体可进行更具创造性的认知活动。未来必定是人与智能机器协作的时代，人和智能机器所擅长的工作是不同的，人与人工智能协作所产生的智慧，将远超单独的人或单独的人工智能。人机协同已成为个体面对复杂问题的基本认知方式，人类的认知正由个体认知走向分布式认知。

第二，分布式认知强调认知发生在认知个体与认知环境交互的过程中。认知个体在交互过程中，有利于建构自身的认知结构。教学中的交互不只是师生间的交互，还包括生生交互、师生与知识的交互、人与机器的交互等。在人工智能支持下的智能化教学环境中，交互方式更加多样。通过交互可以重构学习体验，甚至可以通过触觉、听觉、视觉来重塑个体的认知。

2. 自适应学习理论

自适应学习就是学生在考察具体实例和解决具体问题的过程中，通过积极的思考和操作获得知识和技能的过程。在自适应学习中，学生面对的不是用语言或其他符号表示的抽

象的知识和规则，而是具体实例或待解决的问题，学生需要通过考察实例或解决问题来获取这些知识和规则。

从建构观来看，自适应学习主要把学生要掌握的知识和规则通过具体实例或待解决的具体问题呈现出来。学生对于知识的获得并不是通过教师的讲授，而是通过运用已有的知识解决具体问题。这样的方式对于学生的学习具有更为深刻的现实意义。因此，我们不难发现，自适应学习以学生为中心，强调学生的主动性和创造性。目前自适应学习理论在教学中的主要应用包括以下两方面内容。

（1）示例演练教学法

为改善学生超负荷完成作业，教师超负荷批改作业，教学效率低下的现实状况，中国科学院心理研究所朱新明教授等人提出了示例演练教学法，即通过呈现抽象的数字符号，帮助学生实现逻辑上的意义建构。从建构观来看，该方法确实能帮助学生运用自己已有的知识去学习和掌握新的知识。但是该方法只适用于数学、物理、化学等可用公式去解决的学科，对于语言等学科的知识建构意义不大。

（2）自适应学习系统

自适应学习系统是自适应学习理论与科学技术相结合而产生的一种学习系统。它根据学生每一阶段的能力测评结果，制订适合学生自身能力状况的学习方案，精准定制专属于每一位学生的动态学习计划。这是未来教育的发展目标之一。

二、人工智能教育的应用场景

我们可以基于对教育教学领域的需求分析，从人工智能技术的基础设施、学习过程的智能化支持、智能化的评价手段、智能化的教师辅助手段和智能化的教育管理五个方面，构建出人工智能教育的五个典型应用场景。

1. 智能教育环境

利用普适计算技术实现物理空间和虚拟空间的融合，以人工智能技术为智能引擎，建立支持多样化学习需求的智能感知应用系统，实现以泛在性、社会性、情境性、适应性、连接性等为核心特征的泛在学习。

2. 智能学习支持

通过人工智能技术构建认知模型、知识模型、情境模型，并在此基础上对学习过程中的各类场景给予智能化支持，形成诸如智能学科工具、智能机器人学伴、特殊教育智能助手等学习过程中的支持工具，从而实现学习过程中的交流、整合、重构、协作、探究和分享。

3. 智能教育评价

人工智能技术可以对学生学习过程中的知识、身体、心理状态进行诊断和反馈，在学生综合素质评价中发挥着不可替代的作用。智能教育评价包括学生问题解决能力的评价、心理健康检测与预警、体质健康检测与发展性评估、学生成长与发展规划等。

4. 智能教师助理

人工智能将代替教师做日常工作中重复的、单调的工作，缓解教师各项工作的压力，成为教师的贴心助理。人工智能还可以提升教师的能力，使得教师能够处理以前无法处理的复杂事项，为学生提供精准的个性化支持，而且能有更多的时间与精力来关注每个学生的全面发展。

5. 教育智能管理与服务

通过大数据的收集和分析建立智能化的管理手段，管理者与人工智能协同，形成人机协同的决策模式，洞察教育系统运行过程中的问题与发展趋势，实现更高效的资源配置，有效提升教育质量，促进教育公平。

三、人工智能教育的优势

一般的课堂往往过于关注内容和形式，缺乏互动性，学习需要师生之间的互动。但是学校教育的现实情况往往是教师发现他们变成了一个内容的提供者，要在一节课里面对几十名学生授课，个性化、互动式的学习体验是学生在今天的校园里无法获得的。

人工智能教育不仅解决了教育资源的供给问题，也解决了课堂互动性缺乏的问题。以个体学习为中心，在任何场所、任何时间，都可以从个体的差异性需求出发，在学生个性特征与学习环境之间努力达到一种平衡，使不同地区、不同年龄、不同学习阶段的人都可以共享优质的教育资源和服务。

问题四：人工智能如何助力教育变革？

一、人工智能助力教育变革的主要表现

教育部印发的《教育信息化 2.0 行动计划》中指出，"以推动人工智能、大数据、物联网等新兴技术为基础，积极开展智慧教育，支持教育模式变革和生态重构"。因此，我们可以看出，人工智能在教育领域的应用已经上升为国家战略。任友群教授指出，人工智能也为教育赋予了新的使命，必然推动人工智能在教育领域的应用。总的来说，人工智能助力教育变革，表现在以下七个方面。

变革一：传统的按部就班的知识学习，尤其是命题性知识的学习，将越来越以"个别化"的面貌出现。这意味着传统的多人集中听课的模式将"寿终正寝"；个体的命题性知识的习得时间和空间将基于个体的个性化特征被灵活安排，从而告别传统命题性知识习得的统一时间、统一地点、统一师资的现象。这也意味着传统的为命题性知识的传授提供时

空便利的班级、年级等教学组织将逐渐淡出。

变革二：默会知识、程序知识的习得，以及对应用知识、生产知识的学习将成为未来学校教育的重点。这意味着在班级、年级等传统教学组织逐渐淡出的同时，针对上述教学需求的新型教学组织将逐步兴起。相较于传统的班级、年级，这类组织的灵活性、目的性将更强。这也意味着项目学习等新的学习方式将成为学校学习的主流，这将使得学校的特色更加鲜明，千校一面的局面将被打破。

变革三：身兼组织者、评估者、诊断者、教授者、指导者等多重角色的教师，其职责将被有效分解。除命题性知识的教授者这一角色将逐步淡出外，其他角色将由更加专业的单一身份教师（或精于某几项专业的教师）担任，现在的主要以学科为特征划分教师的做法将随之发生变革。这对目前的教师管理、教师教育、教师发展模式都提出了挑战。

变革四：校园精准管理和教学模式的创新将得以实现。通过构建技术赋能的智能化教学环境，形成智能化教学新模式，加速数字校园向智慧校园的转变，优化和重构学校教学流程，实现校园的精细管理及个性服务。

变革五：区域教育治理及宏观决策水平将得以提高，智能学情监测及教育评价体系将得以建立。支持教育管理部门和教育机构运用人工智能技术变革管理体制，优化运行机制和服务模式，全面提升区域教育治理及宏观决策水平；运用大数据和人工智能技术开展教学过程监测、学情分析和学业水平诊断；实施多维度、综合性素质评价，精准评估教与学的绩效。

变革六：自适应学习系统的推广将扩大优质教育教学的覆盖范围，有效促进教育公平。随着学习系统智能化程度的逐步提高，自适应学习系统的广泛部署，欠发达地区优秀教师欠缺及优质教育资源匮乏的问题将得以缓解，更多学生将得到更加丰富、更加个性化的学习资源。

变革七：高效、智能的教师能力培训平台得以建立，高校教师职前、职后培训一体化的新型教师教育体系得以形成。人工智能与教师专业发展的融合速度将加快，集教师教研、进修、培训及实训功能为一体的新型智能化教师教育平台将产生，教师的能力也将进一步提升。

人工智能与教育融合的初衷是提升学生的学习效能，使得学生能在快速掌握命题性知识的基础上发展多方面的素养和能力，但要特别防范人工智能技术与应试教育的结合。未来，人工智能技术将更好地应用于教育领域，要促进人工智能与教育的良性互动，为加快教育现代化的实现提供有力支撑。

二、人工智能教育发展的重要议题

能否抓住人工智能教育的重要环节是发展智能教育的关键所在，以人工智能为代表的技术具有两面性，如何让人工智能更好地为教育服务，又避免人工智能对教育安全和个人隐私等产生负面影响？黄荣怀教授指出，人工智能教育发展的重要议题包括以下内容。

1. 制定有效促进人工智能教育发展的政策

在规划教育领域人工智能的应用政策方面，联合国教科文组织提倡采用整体性政府和跨部门的方法规划治理教育领域的人工智能应用，即加强政府各部门间的合作与对话，各政府部门共同参与到教育领域人工智能应用政策的规划过程中。首先，我们应重视资金需求及资源部署，政府应通过公私合作伙伴关系吸引多部门利益相关者参与，促进政府、企业、学校和研究机构关于人工智能研发的沟通与协调工作。其次，为实现《中国教育现代化2035》所提出的目标，可以使用人工智能、大数据、物联网、云计算等智能技术，加快推动教学方式、教学环境、人才培养模式的变革。再次，创建以人为本的教育环境，实现公平、包容的高质量教育和面向所有人的终身学习机会的可持续发展目标。

2. 加强人工智能相关人才的培养

以人工智能为代表的技术变革将推动工业、服务业和农业等领域的系统性转型，经济增长方式和劳动力市场也随之转型。人工智能会代替人类做某些类型的工作，也会产生大量新的工作机会，就业市场对人类技能的需求也随之发生变化，对此我们必须高度重视。一方面，应加强人工智能专业人员的培养，通过人工智能专业建设、人工智能学院建设等方式，培养能够设计、编码、开发人工智能系统的专业人员，从而加强人工智能人才储备。另一方面，应将"人工智能能力"纳入教育计划中，即将人工智能融入中小学教育、高等教育、职业教育和社会培训中，目前已有相应的政策。

3. 重视人工智能教育应用的伦理问题

欧盟提出发展"可信赖人工智能"（Trustworthy AI）的倡议，可信赖人工智能包含两方面内容：一方面，强调人工智能的发展与使用要以人为中心，要保障人的基本权利，遵循基本的规则，以及尊重核心价值；另一方面，强调促进技术的发展与可信度，保障技术的有序发展。发展人工智能的教育应用，要以共同的价值观和道德观为基础，为全人类的利益服务。

本章内容小结

本章我们学习了人工智能及其特征（知识检查点3-1），熟知了其与大数据之间的关系。了解了什么是人工智能教育（知识检查点3-2），以及人工智能所带来的教育变革（知识检查点3-3）。掌握了支持人工智能应用的关键技术和人工智能教育的应用场景（能力里程碑3-1、能力里程碑3-2）及人工智能教育发展的重要议题（能力里程碑3-3）。

本章内容的思维导图如图3-1所示。

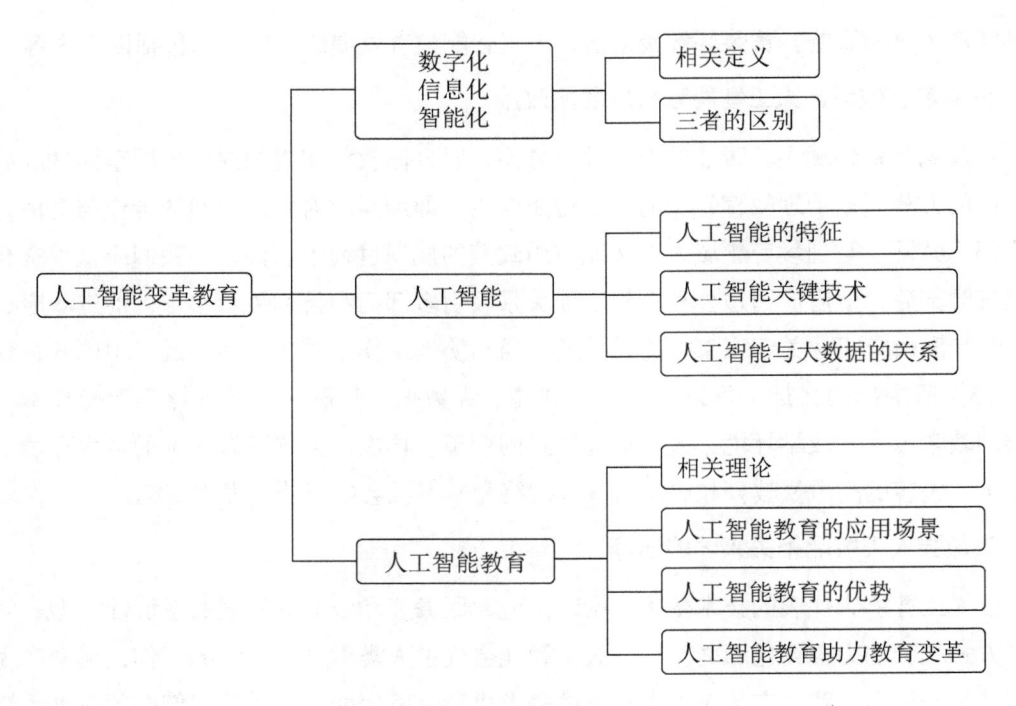

```
                              ┌─── 相关定义
                ┌── 数字化 ──┤
                │   信息化    └─── 三者的区别
                │   智能化
                │
                │             ┌─── 人工智能的特征
人工智能变革教育 ──┼── 人工智能 ──┼─── 人工智能关键技术
                │             └─── 人工智能与大数据的关系
                │
                │             ┌─── 相关理论
                │             ├─── 人工智能教育的应用场景
                └── 人工智能教育 ─┤
                              ├─── 人工智能教育的优势
                              └─── 人工智能教育助力教育变革
```

图 3-1　思维导图

自主活动：人工智能教育的实际应用

一、自我反思

请学习者在学习完本章内容后，依据本章学习目标和核心问题，结合本章内容小结来进行自我反思，并建立"个人自我反思.doc"，书写本章自我反思的具体情况，在书写的过程中和书写结束后保存该文件。

二、书写学习心得

请学习者再建立"个人学习心得.doc"，结合本章学习内容和自我反思来书写本章学习心得，在书写的过程中和书写结束后保存该文件。

三、检查评价活动完成情况

请学习者在完成评价活动后，检查评价活动的完成情况。

小组活动：人工智能变革教育的体现

请学习者以小组为单位完成本章内容的学习。在本章内容学习完毕后，每个学习小组建立"小组合作学习记录.doc",并书写小组学习心得,在书写的过程中和书写结束后保存该文件。

请每个小组和小组成员分享本章的"小组合作学习记录.doc",并根据小组成员的建议修正小组学习记录,完善"小组合作学习记录.doc"。

请每个小组的学习成员围绕本章的学习主题进行讨论和交流,并将小组合作学习的成功之处和改进方法记录为"小组主题学习记录.doc"。

评价活动:评价本章知识与能力学习水平

一、名词解释

人工智能(知识检查点 3-1)

人工智能教育(知识检查点 3-2)

二、简述题

1. 结合本章所学内容,谈谈你眼中的人工智能是什么?有什么特征(知识检查点 3-1)?

2. 请简要谈一谈,你所在的学校有哪些体现人工智能教育的地方(知识检查点 3-2)?

3. 本章提到了人工智能教育的应用场景,你是否应用或体验过?请谈一谈感想(能力里程碑 3-2)。

三、实践项目

请回顾,在实际教学工作中,你是否关注人工智能技术?结合人工智能的关键技术,请书写一个文档,简要设计一个能够在校园或者课堂中实现的人工智能应用场景,尽可能体现人工智能教育发展的重要议题(能力里程碑 3-1、能力里程碑 3-2、能力里程碑 3-3)。

第四章 教育大数据及其分析过程

本章学习目标

在本章的学习中，要努力达到如下目标：

- ◆ 了解大数据的概念（知识检查点 4-1）。
- ◆ 了解教育大数据的概念（知识检查点 4-2）。
- ◆ 掌握教育大数据的三个层次（能力里程碑 4-1）。
- ◆ 掌握教育大数据的分析过程（能力里程碑 4-2）。

本章核心问题

怎样理解教育大数据？教育大数据的分析过程是怎样的？

本章内容结构

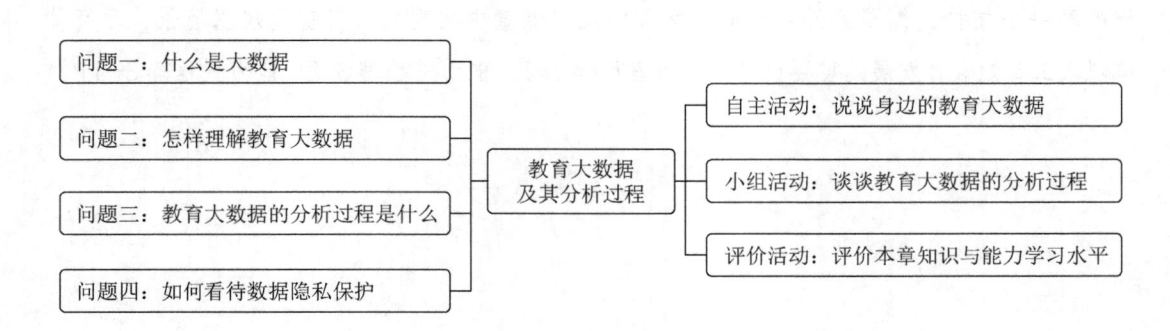

```
问题一：什么是大数据 ──┐
问题二：怎样理解教育大数据 ──┤
                          ├── 教育大数据 ──┬── 自主活动：说说身边的教育大数据
问题三：教育大数据的分析过程是什么 ──┤    及其分析过程  ├── 小组活动：谈谈教育大数据的分析过程
                          │              └── 评价活动：评价本章知识与能力学习水平
问题四：如何看待数据隐私保护 ──┘
```

引 言

大数据产生之初仅作为计算机行业的一个术语，被定义为：所涉及的数据规模巨大到无法通过人工在合理时间内截取、管理、处理，并整理成为人类所能解读的信息。

随着大数据理念的传播和大数据应用的逐步深入，大数据的内涵也在不断演变。人们逐渐认识到，大数据不仅仅是一种技术，也是一种能力，即从海量的数据中寻找有价值的数据、挖掘事物变化规律、准确预测事物发展趋势的能力。此外，大数据还是一种思维方式，即让数据开口说话，让数据成为人类思考问题、选择行为的基本出发点。实际上，大数据正在演变为一种社会文化，即人人生产数据、人人共享数据、人人热爱数据、人人管理数据的文化，这种文化正在潜移默化地影响着各个行业。教育领域虽然长期"保守"，但在大数据文化力量的冲击下，也在加速走向开放，"拥抱"教育大数据。

问题一：什么是大数据？

一、大数据的含义

大数据是指无法在一定时间和范围内用常规软件工具进行捕捉、管理和处理的数据集合，是需要运用新处理模式才能具有更强的决策力、洞察力和流程优化能力的海量、高增长率、多样化的信息资产。大数据以数据为核心资源，将产生的数据进行采集、存储、处理、分析、应用和展示，最终实现数据的价值。大数据不是存储在一台计算机上的数据，而是存储在不同地方的大量非聚合的原始数据，其大小变化为PB级。随着数据越来越多，数据类型也越来越丰富。实际上，目前生成的数据中有80%是非结构化的，仅使用传统技术很难有效地处理它们。

以前生成的数据量并不大，我们可以对它们进行归档，并且只进行历史分析。现在生成的数据量较大，而且类型复杂，我们甚至无法确定用什么方法，对哪些数据进行分析。一些研究人员提出了"数据湖"和"数字沼泽"的概念，旨在为将来有价值，现在却无法判断的数据提供一个容器。不管怎样，大数据需要进行分析，以便我们能够得出有用的见解，从而做出战略性的决策。

二、大数据扩大了数据

物联网是我们经常提到的和大数据紧密相关的基础环境。我们可以把物联网简单地理解为：所有东西都在线上，相互之间都可以通信，且与我们有交互。随着传感器与通信技术的普及，越来越多的物品都具备了与周围环境通信并报告信息的能力。例如，学校的食堂管理系统就是一个简单的物联网系统，校内师生在食堂的数据都是通过校园卡产生的。物联网的出现会驱动产生更大体量的数据，它甚至会超过以往所有其他大数据源的数据产生速度。

许多人都认为造成大数据挑战的最大原因是大数据巨大的体量。其实大数据所包含的新信息，即数据的"差异性"才是真正具有挑战性的。大数据无论是格式还是类型都是多种多样的。这时我们弄清楚如何从数据中提取出所需要的数据，要比弄清楚如何优化分析流程所投入的精力会更多。

三、大数据的应用

1. 大数据技术应用

推荐系统：推荐系统可以预测某个用户是否愿意购买某种商品，并帮助用户快速找到相关商品。许多行业巨头，如亚马逊，正在使用推荐系统，通过分析用户以往的搜索结果，推测用户的喜好，有针对性地推广他们的产品。

数字广告：数字广告是最新的趋势，和传统广告相比，数字广告的一个很明显的特征是精准投放。无论是华丽的展示横幅还是交互式的数字广告牌，大数据技术是这些数字广告成功背后的力量。

网络搜索：搜索引擎可以在很短的时间内找到用户想要的结果。大数据是网络搜索精确度提高的核心技术。

2. 大数据在行业中的应用

零售行业：随着市场竞争的加剧，零售业务越来越难开展。企业主往往在寻找更多渠道来更好地理解和服务客户。每一秒都在产生的大量数据，可以帮助他们获得竞争优势。

通信行业：电信服务提供商分析海量的大数据以做出重要的商业决策，比如扩大客户基础。

金融行业：几乎所有的金融机构都提供大数据服务。这些金融公司庞大的多结构数据分布在不同的系统中，大数据分析可以在很多方面帮助他们。

能源行业：大多数公司使用数据分析进行能源管理，包括智能电网能源、公用事业公司的建筑自动化、能源优化和能源分配。在公用事业的网络中集成数以百万计的数据点，以便工程师利用数据分析技术监控他们的网络。

医疗行业：成本压力是医院面临的主要挑战，这也限制了医院有效治疗更多的病人。机器和仪器大数据可以优化治疗，提高医疗质量。

旅游行业：通过移动数据分析、社交媒体数据分析，优化旅游产品购买体验。顾客的喜好和欲望可以被提取出来，定制的报价和套餐可以根据客户的后续浏览情况进行推广，以此实现更好的转化率。

问题二：怎样理解教育大数据？

很多学校准备利用大数据对学校整体数据进行分析，这也是教育大数据在中小学应用的重要趋势之一。实际上，每个学校多年来都积累了大量的数据。尤其是近几年，数据积累的节奏开始加速，往往呈现出数据维度多层次化、数据格式新颖化、数据分析手段多样化的趋势。

当一所学校开始考虑大数据，并且考虑大数据将如何影响学校的各项业务时，就需要为大数据的应用做一些准备，并客观地看待大数据。只有正确了解了大数据的整体定位，才有可能成功地将其应用于学校的教育教学中。

一、为迎接教育大数据的到来做好准备

毫无疑问，数据时代等同于人工智能时代，每一所学校只有有能力驾驭数据浪潮，才能勇立潮头。当数据量越积越多，最后就会变成巨大而难以应对的海啸。如果只是任由数据累积，那学校只会面临更加难以应对的局面，恐怕最后什么也得不到。因此，无论面对的是海浪还是数据浪潮，无论数据是碎片的还是系统的，我们都要知道如何才能应对自如。如果学校对大数据已经有了正确的认知，那应该做好哪些准备呢？

1. 转变思想，迎接浪潮

当我们面对数据分析时，初学者经常会认为这只是一个简单的数据采集、存储、分析的过程。其实不然，进行数据分析会用到很多不同种类的工具、平台。如果学校需要应用大数据处理教学业务，则需要配备专业的分析人员（我们可以认为这个专业的分析人员就是教育大数据分析师）。

2. 全新视角，寻找问题

大数据在学校的应用范围会越来越广泛，在此基础上，我们必须提高重视程度，利用全新的视角寻找新问题，或者在旧问题上提出新方法。在这个过程中，如果发现含有新信息的新数据，一定要重温老问题。这往往是我们认为已经解决的问题，但是如果依据新信息来处理，可能会更有效，同时问题解决的方法也是全新的。大数据能提供全新的信息，要尽可能地把新信息融入现有的教育教学流程中，等这种融合得到完善，再回过头来调整数据分析业务的流程和方法，这会对原有的校园业务处理产生不可估量的影响，同时也会使学校大数据的支持业务变得更智能。

3. 数据留存，多级决策

学校数据量是很庞大的，这在数据的收集和存储上是一个很大的挑战。我们不能把收集到的数据永久保存下去，数据决策也不单单是"收集或不收集"的二元决策，而是实施多级决策机制来管理数据。这需要我们确定学校处理数据的方法，对数据做出筛选，评估

数据价值，确定关键数据，降低数据收集成本，提升资源利用率。

二、教育大数据的价值是根本

学校开展大数据业务之前，需要明确三个问题。第一，是否一定要收集每项业务的所有数据？第二，针对各项数据源，到底应该采集多少数据？要保留多长时间？第三，使用什么方法来评估我们收集到的数据的当前价值和未来价值。对于大数据源来说，我们只能捕获小部分的数据内容，而且我们获取到的数据在删除之前也只能保留很短的一段时间。所以在这个过程中，筛选有价值的数据就显得尤为重要。

为了说明哪些数据有价值，我们在这里举一个简单的例子：学校在教室里安装了一套恒温调节器，通过传感器和宽带持续将教室当前的温度反馈给中央控制系统，来使每个教室的温度保持恒定。那么，恒温调节器在与中央控制系统通信时所产生的大量数据，对我们的教育教学有价值吗？

数据量大是数据产生价值的一个前提，但是这种大数据的"大"是相对的，要与所关注的问题相关联。因此，分析与挖掘教育教学过程产生的海量数据，将其转化为有价值的教学信息，从而优化学习效果，提升教学质量，促进个性化学习的实现，才是大数据应用于教育教学的价值所在。

三、教育大数据的特征

与传统教育数据相比，教育大数据的采集具有更强的实时性、连贯性、全面性，分析处理更加复杂多样，应用更加多元、深入。所谓教育大数据，特指教育领域的大数据，即整个教育活动过程中所产生的，根据教育需要采集到的、一切用于教育发展并可以创造巨大潜在价值的数据集合。

传统教育数据的采集往往是阶段性的，多在用户知情的情况下（非自然状态）进行，分析手段多采用简单的汇总统计和比较分析，关注的重点是受教育者的群体特征及国家、区域、学校教育发展的整体状况。在大数据时代，移动通信、云计算、传感器、普适计算等新技术将逐步融入教育的全过程，可以在不影响师生教学活动的情况下实时、持续地采集更多微观的教与学过程性数据，比如学生的学习轨迹、在每道题上逗留的时间、教师课堂提问与微笑的次数等。教育大数据的数据结构更加混杂，常规的结构化数据（如成绩、学籍、就业率、出勤记录等）依旧重要，但非结构化数据（如图片、视频、教案、教学软件、学习游戏等）将越来越占据主导地位。

与电子商务、交通、医疗、金融保险等领域的大数据相比，教育大数据的独特性表现为三个方面。

1. 教育大数据的采集呈现高度的复杂性

教育活动是人类社会中一种特殊的实践活动，主客体关系复杂、不稳定，教育过程呈现复合结构（教的活动与学的活动并存）。教育业务复杂，无标准化的操作流程和模式，创新人才的培养又需要更加多元化的教学模式与方法。由于缺少商业领域标准化的业务流程，再加上学习方式的多样性和学习地点的不确定性，导致教育大数据的采集变得极其复杂。

2. 教育大数据的应用需要高度的创造性

大数据在重塑教育方面具有无限的潜能，而潜能的发挥需要打破数据分析与应用的常规思维，发挥更多的创造性。当前我国教育发展面临公平、质量、减负、择校等一系列重大现实难题，直接影响人民群众对教育的满意度。教育关乎国计民生，而教育问题又异常复杂，需要一大批教育大数据研究者与实践者，充分发挥其创造性，将数据挖掘、学习分析、人工智能、可视化等先进技术与教育现实问题相结合，方可破解当前教育发展之难题。

3. 教育大数据不仅注重相关关系，更强调因果关系

国际大数据专家舍恩伯格教授（Viktor Mayer-Schönberger）认为，大数据时代的一个最重要的转变是从因果关系转向相关关系，不再需要从事实中寻求原因，而要从看似无关的数据中发现某种相关关系。在商业领域，通过对相关关系的挖掘可以更迅速、直接地达成预期目标。然而，教育以培养人为根本目的，不仅要"知其然"，更要"知其所以然"。唯有洞察到教育问题产生的根本原因，才能从根本上寻求解决之道。

四、教育大数据的三层理解

教育大数据的应用已经步入一个全新的历史时期，基于教育大数据的挖掘与学习分析技术，研发专用的教育大数据分析决策模型、工具与算法，实现教育大数据处理的高效能与大数据应用价值的最大化。教育行业大数据分析与应用体系的轮廓逐渐清晰。2015年被称为中国的教育大数据元年，一系列相关政策文件与规划建议的发布，确立了教育大数据在推动教育改革与发展方面的战略地位。地方政府、研究机构、学校，以及行业、企业力量的加入，将大大推动我国教育大数据的发展。

无论是教育管理部门还是学校，都可以通过大数据的分析来优化教育机制，做出更科学的决策。谁能在其中应用好大数据，谁就能在将来的竞争中赢得主动权。

总之，教育大数据将让学习变成一种教育服务，而在这个教育服务体系当中，教育大数据可以被理解为三个层次：第一，教育大数据是指全体样本全学习过程的数据，这个层次特指教育教学的过程；第二，教育大数据是指教育大数据系统，这个层次特指校本大数据平台，也指区域和国家建立的大数据系统；第三，教育大数据是指共建共享思想，这个层次特指教育大数据带来的价值，特别是实现多类型、多维度、多业务数据融通的意义。一般认为，教育大数据的三个层次也是宏观上教育大数据应用的三种典型类型。

问题三：教育大数据的分析过程是什么？

一、确定分析目标

在进行教育大数据分析之前，我们需要结合自己的业务确定数据分析的目标是什么，可衡量的指标是什么，并对指标进行拆分，找出可收集数据的最小单元，这样做能够有针对性地进行数据分析，提高数据应用效率，避免数据采集过多，造成资源的浪费。同时，所确定的分析目标也为后面明确指标范围和挑选准确指标等步骤提供了参考依据。

二、明确指标范围

我们需要一个统一的标准来定义和评价业务，这个标准就是指标。了解和使用指标是数据分析的重要环节，你需要建立指标范围，通过一系列的业务评价指标来发挥数据的价值。

指标范围没有统一的模板，不同业务形态有不同的指标范围。教育 APP 和教育网站不一样，SaaS 教育平台和 MOOC 平台不一样，成人学习和学生学习也不一样。例如，一款用于调查学习风格的 App，不需要考虑使用时间这项指标。这些都需要根据教育大数据分析师的教育行业经验和业务需求去设计。

三、挑选好指标

不是所有的指标都是好的指标。通过对相关案例的总结，我们可以发现，学生作业完成情况的数据不足以表明学生的学习态度。评价学生学习态度，应该以学生主动投入学习的行为数据为主。

好的指标应该是核心驱动指标。核心驱动指标不只是统计报表中的数字，核心驱动指标和学校发展有着密切的联系，是学校在一个阶段内的重点方向。不同时期的核心驱动指标不一样，同一所学校中的不同年级、不同学科的核心驱动指标也不一样。

好的指标应该是比率或者比例。举例来说，我们学校在线学习平台的活跃学生数有 600 人，这能说明什么呢？这说明不了什么。如果学校目前有学生 5000 人，那么这反而说明应用效果很差。如果学校目前有学生 1000 人，那么说明该平台很受欢迎。正因为单纯的活跃学生数没有多大意义，所以学校会更关注活跃率。这个指标就是一个比率，由活跃学生数除以总学生数得到。

那么，坏指标有哪些呢？

第一类坏指标是虚荣性指标，它没有任何的实际意义。学生在公共学习平台上登录了几万次，有意义吗？没有，我们更需要的是学生观看微课的次数。观看微课的次数意义大吗？也不大，教师希望学生观看微课后完成测试。因此，登录次数和微课观看次数都是虚荣性指标，只是虚荣程度不一样而已。

第二类坏指标是后验性指标，它往往只能反映已经发生的事情。比如学生三次月考都没有及格，就被判定为不及格。那么学校数据统计的不及格学生数，是三次月考都没有及格的学生，以时效性看，已经发生很久了，也很难通过措施弥补。学校虽然通过数据知道曾经因为某个不好的干扰因素导致了这个结果，可是还有用吗？一个设备使用的ROI（投资回报率）也是后验性指标，付出成本后才能知道其价值。可是成本已经支出，设备价值的好与坏也早已注定。倘若设备投资周期长，还能有调整余地。但若设备投资周期短，这种指标只能用作总结，而不能驱动业务。

第三类坏指标是复杂性指标，它将数据分析陷于一堆指标造成的陷阱中。指标能细分和拆解，比如使用率可以细分成日使用率、周使用率、月使用率、教师使用率等。数据分析应该根据具体的情况选择指标。如果是常用工具，可以选择日使用率；如果是社会学习类App，可以选择周使用率；更低频的应用则是月使用率。每个项目或者应用都有适合它的几个指标，不要一股脑儿地装一堆指标上去，当你准备了二三十个指标用于数据分析时，会发现无从下手。

四、构建指标逻辑图

指标有固有结构，一般呈现为树状逻辑图。指标结构的构建核心是以业务流程为思路，以结构为导向。围绕着不同的指标结构，我们经常还需要考虑指标结构中的权重，这是一系列独立的数学方法，在此我们暂不赘述。在构建指标逻辑图之前，要先考虑项目的流程。比如学校网站内容管理的流程是：内容收集—内容编辑与发布—用户浏览—用户点击—用户阅读—用户评论或转发—继续下一篇浏览。基于这个流程构建的指标逻辑图可以全面囊括用户相关数据。构建指标逻辑图依旧要遵循指标原则，列出核心驱动指标，移除虚荣指标，适当地进行删减，不要为了添加指标而添加指标。

五、进行维度分析

当你挑选了指标，并构建了指标逻辑图，就可以着手进行分析。数据分析主要是从不同维度分析数据，即维度分析法。维度是描述对象的参数，具体分析时，我们可以把它认为是分析事物的角度。登录次数是一种角度，参与率是一种角度，时间也是一种角度，所以它们都是维度。

确定维度后，就能够通过不同的维度组合形成数据模型。数据模型是从几个维度去描述发生的事实。例如：今天物理实验课签到的学生有张明、李军和王丽三位同学，这个事实就由三个维度组成，分别是时间、课程名、人名。我们之前介绍的指标，如果是单独表达一个角度，就可以独立成为一个维度，如果多个指标都表达同一个角度，就可以设置一个包含多个指标的维度，简单举例如下。

将学生类型、参与度、时间三个维度组合，观察不同学生群体在网络平台上的学习情况，分析哪个群体更活跃；将学生类型、选课课程、年级三个维度组合，观察不同年级的不同课程是否存在选课差异。

通过业务建立和筛选出指标，将指标作为维度，利用维度进行分析。维度是观察事物的角度，指标是衡量数据的标准。维度是一个更大的范围，不只是数据，比如时间维度和城市维度，我们就无法用指标表示；而指标（参与率、完成率、浏览时间等）却可以作为维度。可以通俗地理解为维度 > 指标。

六、应用反馈数据进行改进

数据分析并不是结果，只是过程。数据分析是需要反馈的，当我们分析出某项因素可能会影响教学结果，就要去验证它。可以通过改进学校教学管理来检验。如果结果并没有改善，那么就应该反思数据分析过程了。这也是数据分析的要素，以结果为导向。当一份报告呈上去，后续没有任何跟进、改进的措施，那么数据分析的价值就不会很大。所以我们说，业务指导数据，数据驱动业务。

案例分析：教育精准用户画像的设计

用户画像又称为用户角色，作为一种勾画目标用户、联系用户诉求与设计方向的有效工具，用户画像在各个领域都得到了广泛的应用。我们在实际操作的过程中往往会以最为浅显和贴近生活的话语将用户的属性、行为与期待联结起来。作为实际用户的虚拟代表，用户画像所形成的用户角色并不是脱离应用和环境之外所构建出来的，用户角色需要具有代表性，能代表应用的主要受众和目标群体。

做教育应用怎么做用户画像？用户画像是真实用户的虚拟代表，首先它是基于事实的，而且不是一个具体的人，此外是根据目标的行为观点的差异分为不同类型，迅速组织在一起，然后把新得出的类型提炼出来，形成一个类型的用户画像。下面来介绍几个基本概念。

1. 标签（Tag）

标签是对某一类特定群体或对象的某项特征进行的抽象分类和概括，其值（标签值）具备可分类性。例如，对于"人"这类群体，可将"男""女"这类特征进行抽象概括，统称为"性别"，"性别"即一个标签。

2. 标签值（Tag Value）

标签的实例，指某一标签所包含的具体内容，其特点是符合基本原则（相互独立、完全穷尽）。例如，对于标签"性别"，其标签值根据基本原则可分为"男""女""未知"；对于标签"年龄"，其标签值可分为"25～30""30～35""35～45"等。

3. 用户画像（User Profile）

由某一特定群体或对象的多项特征构成，输出结果通常是对特征的具体描述。也可理解为用户画像是由多个标签组合而成，画像实例由多个标签值构成。例如，杨女士，北京，

32岁，有一个5岁的女儿Jess，近期浏览过少儿英语培训网站，有线上购课需求，愿意试听，对价格不敏感。这就是青少儿英语的一个用户画像实例。那么"杨女士"这样一个用户画像到底是如何生成的？要执行以下五个步骤。

（1）准确识别用户。用户识别的目的是为了区分用户、单点定位。用户识别的方式有很多种，如Cookie、注册ID、邮箱、微信、微博、QQ、手机号等，这些都是互联网用户相对于传统线下渠道所特有的身份标识，其中手机号是目前移动端最为准确的用户标识。以一般小程序为例，识别用户是通过微信号和手机号，在取得用户微信号和手机号的授权后，就可以合理、合法地对用户身份进行识别。

（2）动态跟踪用户行为轨迹。用户网络行为动态跟踪主要包括三个维度：场景＋媒体＋路径，应用到互联网中，场景主要包括访问设备、访问时段；媒体指某一时段下用户具体访问的媒体，如资讯类、游戏类、社交类等；路径指用户进入和离开某媒体的路径，可以简单理解为用户的站内与站外行为。比如，用户在小程序中完成测评，同时浏览了多个相关话题页的资讯，时长为10分钟，动态跟踪用户这些行为，从中采集的数据可以作为判断用户意向的重要依据。

（3）结合静态数据评估用户价值。获取静态数据后，需要对人群进行因子和聚类分析。主要包括用户的学生属性、教育属性、认知特征等维度。对在线课堂而言，主要依据教育属性来区分人群，通常是从基本属性、行为属性、教育需求、意向学科、选择倾向等五个维度对数据进行建模，评估用户价值。

（4）用户标签定义与权重。根据特征值对群体进行定义，有助于清晰掌握该群体的特性。不同的群体标签能够反映不同群体的核心特征。如提到"学霸"，可以快速联想到这类学生的特征，他们对学习十分积极，是有多学科学习经验的重要群体，他们的学习时间占比高于一般学生，是高价值学习用户的重要组成。

（5）不同人群优先级排列。优先级排列决定了最终效果的实现，根据教育自身情况排列不同组合。通过不同的标签组合，为目标课程用户进行精准服务。如课程刚刚建立，需要快速完成从0到1的冷启动。这种情况下，通常侧重于选取"乐于尝试新课程""对课程限制小，包容性强"的这类群体，可以大大提高转化率；当课程已经具备一定影响，想要扩大覆盖面，对其过往学生进行数据分析，归纳学生群体特征，然后在全网和数据库中扩充目标学生群体，提供相应的课程推荐。

以上五个步骤完成以后，就为学校完成了学生用户画像的构建，并将其用于学校新课程的精准推广，同时进一步完善课程建设。

问题四：如何看待数据隐私保护？

我们通常所说的数据隐私就是个人生活中不愿为他人公开的个人信息，如用户身份、轨迹、位置等敏感信息。有研究者把数据隐私分为如下四类。

一是信息隐私，包括身份证号、银行账号、收入财产状况、医疗档案、消费和需求信息、网络活动轨迹等。

二是通信隐私，包括手机号、QQ、E-mail、微信等。

三是空间隐私，包括家庭住址、工作单位及经常出入的公共场所等。

四是身体隐私，如药物测试等。

全世界各个国家都意识到了数据隐私的重要性，而解决这个问题最有效的工具之一是健全隐私保护的法律。近几年，我国各领域的数据安全保护政策相继出台。2016年国务院发布《促进和规范健康医疗大数据应用发展的指导意见》，要求对涉及患者隐私的信息严格保护。2017年6月1日，我国开始实施《网络安全法》，明确规定了个人信息保护的行为规范，非法获取、出售或者提供行踪轨迹信息、通信内容、征信信息、财产信息50条以上即可以侵犯公民个人信息罪入罪。

国际上，欧盟的《通用数据保护条例》（General Data Protection Regulation，GDPR）于2016年4月27日通过，在经过两年的过渡期后，于2018年5月25日正式生效。在个人数据经济价值增长的时代，GDPR为欧盟公民带来了一套新的"数字权利"。《通用数据保护条例》规定，欧盟消费者将有权知道自己的哪些数据被社交媒体公司保存了下来，并有权要求删除这些数据。GDPR实施以后，违规公司最高可能面临全球年收入4%的巨额罚款。

为了避免我们的个人数据被恶意使用，也为了保护一些企业的敏感信息不被泄露，一些数据隐私保护算法也相继出现了。其中最有名的算法是K-anonymity，它是一种匿名技术。所谓匿名技术，就是在数据集被发布前对其中包含个人信息的数据进行一定的处理，期望通过这些处理使得攻击方无法通过这些数据识别出特定的用户，从而无法窃取用户的隐私。

不管对于个人还是企业，隐私数据都非常重要。法律监管得越严，企业越难获得个人隐私数据。而没有质量好的数据，企业给用户提供的服务质量就会下降。我们希望能在服务与隐私保护两方面之间找到一个平衡，既能享受贴心的服务，又不用过于担心自己的隐私被泄露。通过法律加强监管、技术助力隐私保护，以及个人隐私保护防范意识的提高，未来数据发展会更为规范。

本章内容小结

本章我们学习了大数据和教育大数据的概念（知识检查点4-1、知识检查点4-2），掌握了教育大数据的三个层次（能力里程碑 4-1）和教育大数据的分析过程（能力里程碑 4-2）。

本章内容的思维导图如图 4-1 所示。

```
教育大数据          ├── 大数据 ──┬── 大数据的含义
及其分析过程                    └── 大数据的应用
                   │
                   ├── 教育大数据 ──┬── 为教育大数据的到来做好准备
                   │               ├── 教育大数据的价值
                   │               ├── 教育大数据的特征
                   │               └── 教育大数据的三层理解
                   │
                   ├── 数据大数据的分析过程 ──┬── 确定分析目标
                   │                          ├── 明确指标范围
                   │                          ├── 挑选好指标
                   │                          ├── 构建指标逻辑图
                   │                          ├── 进行维度分析
                   │                          └── 应用反馈数据进行改进
                   │
                   └── 数据隐私保护 ──┬── 数据隐私的分类
                                      └── 数据隐私保护的必要性
```

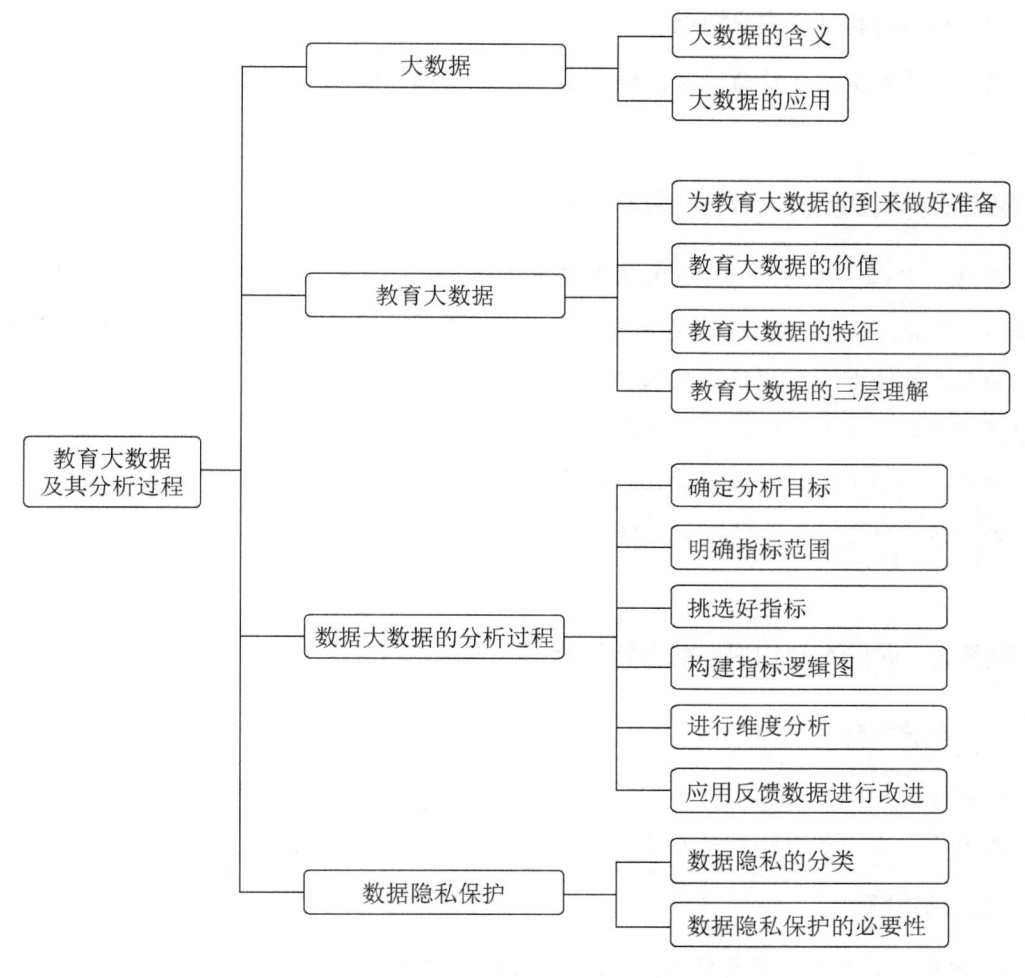

图 4-1 思维导图

自主活动：说说身边的教育大数据

一、自我反思

请学习者在学习完本章内容后，依据本章学习目标和核心问题，结合本章内容小结来进行自我反思，并建立"个人自我反思.doc"，书写本章自我反思的具体情况，在书写的过程中和书写结束后保存该文件。

二、书写学习心得

请学习者再建立"个人学习心得.doc",结合本章学习内容和自我反思来书写本章学习心得,在书写的过程中和书写结束后保存该文件。

三、检查评价活动完成情况

请学习者在完成评价活动后,检查评价活动的完成情况。

小组活动:谈谈教育大数据的分析过程

请学习者以小组为单位完成本章内容的学习。在本章内容学习完毕后,每个学习小组建立"小组合作学习记录.doc",并书写小组学习心得,在书写的过程中和结束后保存该文件。

请每个小组和小组成员分享本章的"小组合作学习记录.doc",并根据小组成员的建议修正小组学习记录,完善"小组合作学习记录.doc"。

请每个小组的学习成员围绕本章的学习主题进行讨论和交流,并将小组合作学习的成功之处和改进方法记录为"小组主题学习记录.doc"。

评价活动:评价本章知识与能力学习水平

一、名词解释

大数据(知识检查点4-1)

教育大数据(知识检查点4-2)

二、简述题

1.面对数据浪潮,请简要说说你做了哪些应对大数据的准备(知识检查点4-2)。

2.结合本章所学内容,请你举例简要谈一谈教育大数据三个层次的教育教学体现(能力里程碑4-1)。

三、实践项目

请你回顾,在实际教学工作中,你是否对大数据有所了解?结合本章所学内容,请你书写一个文档,针对校园或者课堂,运用教育大数据的分析过程简要设计一个指标体系(能力里程碑4-2)。

第五章　大数据驱动的学生个性化学习

本章学习目标

在本章的学习中，要努力达到如下目标：
- ◆ 了解大数据为学习带来的变化（知识检查点 5-1）。
- ◆ 了解大数据带来的教育创新所包含的内容（知识检查点 5-2）。
- ◆ 了解个性化学习的含义（知识检查点 5-3）。
- ◆ 掌握帮助学生实现个性化学习的方法（能力里程碑 5-1）。
- ◆ 掌握制订个性化学习计划的步骤（能力里程碑 5-2）。

本章核心问题

大数据为学习带来的变化是什么？大数据带来的教育创新有哪些？大数据时代怎样帮助学生制订个性化学习计划？

本章内容结构

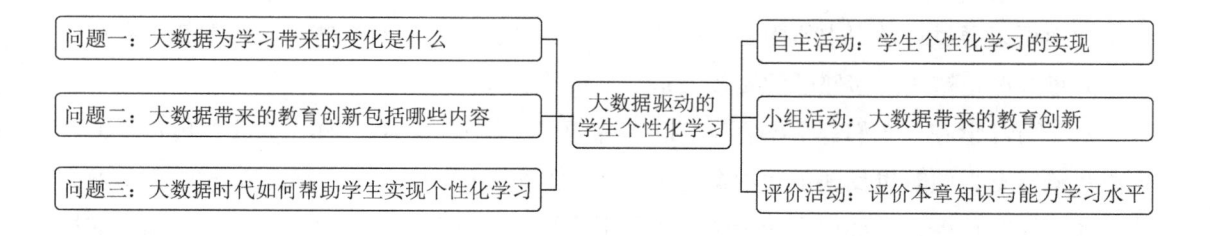

问题一：大数据为学习带来的变化是什么		自主活动：学生个性化学习的实现
问题二：大数据带来的教育创新包括哪些内容	大数据驱动的学生个性化学习	小组活动：大数据带来的教育创新
问题三：大数据时代如何帮助学生实现个性化学习		评价活动：评价本章知识与能力学习水平

引 言

在《论语》中，子路问："闻斯行诸？"子曰："有父兄在，如之何其闻斯行之？"冉有问："闻斯行诸？"子曰："闻斯行之。"

有一次子路问孔子："听到了一件合于义理的事，就要立刻去做吗？"孔子回答："你父亲和兄长还活着，你怎么可以听到就去做呢？你得先去请教他们。"后来没多久，冉有又问了同样的问题："听到了一件合于义理的事，就要立刻去做吗？"结果孔子回答："听到就该立刻去做。"同样的问题，两个完全相反的答案。孔子对此的解释是两个人的个性不一样。

《论语》中孔子的因材施教，其实是一种智慧的教育。所谓尺有所短，寸有所长，并不是所有的孩子生下来就擅长某一学科，也不是所有的孩子生下来就博古通今。归根结底，教育的本质在于"因材施教"。那么，大数据时代，我们的学习又将会发生怎样的改变呢？

问题一：大数据为学习带来的变化是什么？

一、大数据对于学习的意义

有一个著名的外语学习网站——多邻国（Duolingo），每天都会有数以百万计的人在这个网站上学习外语。这个网站的设计者从平台上收集的大量学生所犯的错误信息中发现了很多有价值的信息。例如，他们发现大多数西班牙语使用者在学习英语的初级阶段，会对代词"it"产生困惑，原因是"it"很难被翻译成西班牙语。于是，多邻国网站的设计者针对这类学生调整了学习安排，先教他们其他代词，数周后再开始教"it"这个代词。

多邻国网站的设计者通过对网站的大数据进行分析后发现，语言教学手段的有效与否，取决于学生的母语以及他们将要学习的语言。另外，多邻国网站的设计者还发现了所谓的"数据尾气"现象，即从人们与网站之间的互动中衍生的副产品。例如，熟练掌握一门语言需要多长时间？最合适的习题量是多少？落下几天课程进度的后果是什么？在大数据时代，学生可以通过对学习中所犯错误的数据进行总结，来实现对这些错误的重新审视和理解，并最终改正错误。多邻国的实践就是一个很好的例子。

对于可汗学院，我们都很熟悉，它和多邻国网站的教育实践一样，为我们展示了大数据时代的教育，同时也反映了大数据对学生学习的重要影响。过去，人们针对语言学习方法的实证研究很少，比如很多理论主张先教形容词，再教副词，但是没有实证数据来支撑该主张，因为这些数据在传统的教学中确实很难收集。诸多实践案例的出现使这样的研究成为可能，也使人们可以通过数据分析，进一步了解学生是如何学习的。

二、大数据时代的学习反馈变化

传统的教育方式所获得的反馈存在很大的缺陷。比如，我们难以得到学生学习过程的反馈。而且，作为教育者，我们也很少评价自己，很少对我们所采用的教科书、教学方式及测验手段是否对学习有益进行评价。导致这种现状的原因之一是这种数据很难收集，收集到的数据又很难得到有效处理。因此，这是一种单向度的反馈。而在大数据时代，我们可以实现对学习效果的反馈。我们能够收集过去无法获得的数据，通过对这些数据的分析，改善学习和教学，从而提高学生的学习效果，提升教师的教学质量。

三、大数据时代的学习步调变化

在大数据时代，学生可以获得一种适合自身的学习步调。比如，每个学生都拥有自己的"播放列表"，还可以获得定制的每日习题集。举例来说，有一个名为"半岛大桥"（Peninsula Bridge）的暑期班项目，曾使用可汗学院的数学课程教授来自贫困社区的中学生。其中有一个女孩一直跟不上学习进度，成绩也一直在下游。但是一段时间之后，她竟然像开了窍一般地飞速进步，课程结束时她的数学成绩排名班级第二。学习记录显示，她曾长时间在某一个学习阶段徘徊，而一旦掌握了这个核心概念后，她的成绩便开始突飞猛进了。可见，当学生能以最适合自己的步调和方式进行学习时，即使那些学困生，也可能在最终表现上超过优等生。

四、大数据时代的学习预测变化

在大数据时代，通过大数据分析，可以进行更准确的预测，并有效地干预一些事件的发生。比如，我们可以不再简单地要求学生暑假时补习数学，而是建议他进行两周的二次方程集中课程学习。在大数据时代，我们需要转变的观念是：探寻"是什么"而非"为什么"。过去我们更强调探寻事物的因果关系，而现在我们通过大数据看到的往往是相关关系。对相关关系意识的确立，是具有一定挑战性的。因为深层的研究显示，通常我们对因果关系产生的快速直觉往往是错误的。大数据能为我们展示事物背后无数的相关关系，通过这些相关关系，我们可以更准确地认识事物的本质。当然，我们也要理性对待预测，尤其是关乎教育的预测，因为这将关系着人类的未来。

问题二：大数据带来的教育创新包括哪些内容？

舍恩伯格教授在谈及对创新的理解时说到，创新的关键在于改善教育制度和教学方式。他认为，创新不是一种技术，而是一种人文，我们要想获得成功，其关键因素不是技术，而是在人文生态中的人文气息。因此，大数据带来的教育创新包括以下内容。

一、大数据是对现实世界的重新思考

大数据并不是一种技术，也不是一种新型的工具。舍恩伯格教授认为，大数据是一种对现实的新型观察方式，是对现实世界的重新认识和思考，以及对我们所要前进的方向的重新明确。以汽车的使用为例来说明，对于很多人来说，汽车是日常的必需品。实际上，汽车是一种资源的极大浪费。因为在很长一段时间内，汽车都是停在停车场的。如果说，我们要去购买一种资源，但是它的使用率只有4%，那么这就是一种浪费。通过对大数据的分析，人们就可以避免这种资源的浪费，比如，通过租车或者搭顺风车，使用更少的汽车，以实现可持续发展。

二、大数据是对学习过程的重新改善

相比较而言，我们可以发现另一种资源的浪费，即教育资源的浪费。因为我们不知道什么样的教学过程才能尽可能地优化学习，教育者也无法让每一个学生得到最公平的教育。但是，如果我们收集了数据，并进行了分析，从而对比得出更有效的教学模式，那么学生的学习效率就会大大提高。基于此可以做出假设，针对每个课堂的每一名学生，如果能够实现大数据分析，通过大数据来改善学习过程，就可以在很大程度上避免教育资源的浪费。

三、大数据是对教师能力的重新培养

近年来，不少学校都在尝试开展翻转课堂教学。在舍恩伯格看来，这是一个非常大的挑战。教师在翻转课堂中扮演什么样的角色？教师要引导学生进行讨论，带来更多的对话、探讨和互动。那么在这样的情景中，教师需要学习新的技能。我们需要对教师重新进行培训，比如，如何去传播知识，如何让学生参与更多的讨论和互动，甚至更多社会化的互动学习，这是大数据时代教师应该具备的专业能力。

问题三：大数据时代如何帮助学生实现个性化学习？

一、帮助学生实现个性化学习的方法

在大数据时代，技术在个性化学习中起着关键性的作用。要想使学生实现有效的个性化学习，我们可以从以下四个方面入手。

1. 建立学生档案，真正了解学生

实现个性化学习的第一步是了解自己的学生。为此，教师要获取更多的数据资源，如学生兴趣档案数据库。当然，也可以针对学生做一些调查，以便更好地推进个性化学习，比如了解学生的家庭住址、学生父母的工作等。

2. 挖掘学生兴趣，建立学生分组

个性化学习的第二步是我们可以将有相似需求、优势和兴趣的学生聚集在一起。假如你有一群热爱舞蹈的学生，你可以鼓励他们创造一种舞蹈来阐明科学观点，并让其他人制作视频，包括写下步骤。教师也可以通过其他方式来挖掘学生的行为习惯和兴趣爱好，比如，使用数字媒体改变学生的阅读和写作方式。

3. 分析学生数据，设定学习目标

个性化学习的第三步是分析学生数据，为其设定个人学习目标，并记录下来。基于个人学习的数据记录，讨论其是否达到学习目标，实现预期期望。

二、制订个性化学习计划的步骤

个性化学习计划（Personalized Learning Program，PLP）的核心是根据学生特点，为其量身定制学习计划，以此来满足每个学生的个性化需求。个性化不是"做你自己的事"，它是基于学生兴趣和能力的学习选择，为学生提供与他们的能力和兴趣相适应的学习内容。PLP 的特征包括以下五点：

（1）学习节奏是可以调整的；
（2）学习目标、方法、内容和工具都是为每个学生量身定制的；
（3）学习是由学生的兴趣驱动的；
（4）学生可以选择学习的内容、方式、时间和地点；
（5）学生能够得到技术支持。

PLP 在国外已经得到广泛的重视和应用，在国内，越来越多的学校开始采用 PLP 对学生进行个性化培养。然而，要达到 PLP 真正的效果并非一件易事，下面我们通过八个步骤来帮助学生建立 PLP。

1. 明确学习起点

明确学习起点，是 PLP 学习评估的基本前提。只有明确了学习起点，在未来执行 PLP 的时候，才能回过头来对比原来的自己，看看 PLP 到底让自己提升了多少。学习起点的评估结果将为课程设计定下基调。在每年年初对学生进行评估有助于建立学习的基线，它可以帮助我们正确衡量学生在 PLP 中取得的成绩。

2. 设定学习目标

目标可以帮助我们聚焦到一个特定的方向上来。然而，创造和遵循可实现目标的能力并不是天生的，是后天必须学会的。教师和家长可以与学生一起讨论，帮助他们制订具体的目标和应对挑战的策略，确定 PLP 的方向。我们可以通过询问学生以下问题来帮助他们设定目标。

（1）你有什么优点？
（2）你想在哪些方面得到提升？
（3）你的个人目标和抱负是什么，对未来有什么职业规划？

（4）你的短期目标和长期目标各是什么？

（5）我们应该如何来衡量你的成长和成绩？

（6）你是如何朝着自己的目标前进的？

3. 了解学生需求

每个学生都有自己独特的需求，差异化的教学是满足学生独特需求的有效途径之一。当你开始了解每个学生的需求时，可以在教学计划中记录下来供以后参考。此外，与学生进行充分交流也是非常必要的，这可以帮助学生了解他们的个人学习需求。

根据学习媒介，可将学生分为四类学生：视觉学生、听觉学生、触觉学生和动觉学生。我们需要根据他们自身特点的不同来进行有针对性的培养，比如，视觉学生有丰富的想象力，喜欢通过视频、图片、书面说明等进行学习，他们希望教师能够进行示范式教学。

4. 提升学习的吸引力

将学生的兴趣、激情和爱好融入教学中，可以让他们感觉到教师和家长倾听了自己的想法，从而有效地提升学习对于他们的吸引力。此外，花时间去了解每一个学生，并有意识地将这些主题融入到我们的日常指导和互动中，将有利于帮助学生将课堂学习与他们周围的真实世界联系起来，加深他们对知识的掌握和运用程度。比如，我们可以通过问一系列的问题，来帮助自己了解学生的兴趣。例如：上节课哪里最吸引你？你对老师有什么期待？你课后喜欢做什么？你喜欢和朋友一起做什么？你最喜欢的科目是什么？等等。

5. 追踪学习进度

研究表明，让学生跟踪自己的学习进度，可以帮助他们取得更大的收获。通过在课堂活动中加入跟踪工具，来帮助学生了解自身的学习表现，并对自身的学习效果做出正确评估。随着学生的学习变得更加个性化，每个学生的学习路径看起来可能差别很大，但有一些学习指标值得每个学生进行追踪，比如单元测试成绩、学习任务完成度、阅读水平增长率等。

6. 进行教学评估

利用阶段性、形成性评估来总结学生的进步情况和成长点。在和学生进行一对一的评估结果讨论中，教师和家长必须正确看待学生的进步和取得的成就，这样学生才能够在困难的时刻坚持下来。家长和教师需要不断地记录学生的成长过程，同时也要为他们庆祝取得的进步和成就，以此来鼓励学生继续努力。

如何评估学生取得的进步？老师可以衡量学生在一段时间内的收获或成长，对比学生在这段时间内的表现和他们之前的表现。而成就指的是通过一套标准或一套技能来衡量学生在同一时间点上的表现，将学生的表现与一个固定的标准或期望进行比较。因此，利用进步和成就这两个方面可以科学地对学生进行评估。

7. 建立学习档案

学习档案是一个重要的工具，可以体现学生进步的过程。然而，在建立学习档案之前，需要花时间确定学习目标。这样在PLP执行完毕，学生就会发现自己不仅完成了一堆作业、一项任务，而且获得了某种能力的提升。教师需要帮助学生建立完善的个人学习档案。学习档案的功能是多方面的，比如，课程教师根据它分析学生整体的技能掌握情况；父母通过它看到学生的成长；下一年级的教师通过它了解学生的基本情况和知识水平；学生通过它进行反思、总结等。

案例分析：一份15页的"私人定制"成绩报告单

信息技术究竟能给教育带来什么？学校里的大数据究竟能怎么用？从2014年开始，衢州市书院中学通过三年多的实践，为学校的每位学生提供了长达15页的"私人订制"成绩报告单。这些报告单描述了学生对每个科目、每个知识点的掌握程度，并对学生的个人能力做了综合评价，就像一份细致、全面的体检诊断报告。据此，学生可以发现自己的不足之处，提高学习的有效性。

一、自我的全面认知

2016年2月，书院中学初二（4）班的江莹同学，在期末考试结束后收到了一份15页的成绩报告单——《成绩及各科知识点、能力综合评价报告单》，里面包含了各种图表。

首先看到的是传统的成绩报告单，有一个表格呈现了语文、数学、英语、社会、科学这5门科目的得分及总分，还有班级和年级排名、班级和年级平均分，以及班级和年级最高分。表格下面用柱状图直观地呈现了个人的单科得分及总分、班级和年级排名、班级和年级平均分、班级和年级最高分之间的对比情况。

接下来的内容是各科知识点掌握情况分析表，主要是对每一门科目考到的每一个知识点的掌握情况的具体分析。比如语文科目，报告单上写着："语言运用"这个点"掌握水平偏弱，基础不稳，需要重点提升"，"写法分析""主题理解""行文思路分析""文言文翻译""内容分析"这些方面"比较有难度，但你有提高的潜力"。分析表下面还附有一个雷达图，让她一下子就明确了自己在哪些知识点上有欠缺，而哪些方面的表现超过了班级平均水平。

最后是个人能力层级综合评价表，呈现了识记、理解和应用这三个方面的能力水平（优秀、良好和一般）。

这份15页的"私人订制"成绩报告单，让学生更加明确了自己学习中存在的不足，从而有针对性地去弥补。

二、资源的合理配置

书院中学运用"教学诊断数据化"的教学工作形式，实现了对学生分数的全面描述及个性化错题本的自动推送，帮助学生"补短板"。目前，学校跟踪到了学生在数据驱动和系统的推送引导之下，有针对性的、反复地刻意练习的行为。这是数据化带来的重要价值。客观地说，怎么利用信息化手段让"刻意练习"得以发生，实质上是从"减负"思维走向"合理配负"思维，是下一步以学生为中心的"个性化学习"的开始，更是建构"主题式学习"、建设"社区型学习环境"的关键所在。

初一（9）班的邹文茜同学说，新的成绩报告单和错题本提供了非常多的信息，帮助她找到了学习过程中的薄弱环节，各种对比图让她知道自己还有哪些可以进步的空间。比如，她很关注科学，报告单分析她在"运动和力"方面尤其需要加强，于是她就通过查辅导书、询问老师等方法，专门强化了这一知识点的理解和练习，用她的话来说，"后来这块儿几乎都没怎么错了"。

未来，怎么应用信息技术，通过评价变革，对一个学生进行综合画像，将是教育发展的一个重要方向。借力大数据，可以为学生提供一个更加科学、全面的学习评价体系，进而更好地服务于每一个学生的成长。

——摘自"2017—2018年度基础教育信息化应用典型示范案例"

本章内容小结

本章我们学习了大数据为学习带来的变化（知识检查点5-1）和教育创新所包含的内容（知识检查点5-2），了解了个性化学习的含义（知识检查点5-3），并掌握了实现个性化学习的方法（能力里程碑5-1）和制订个性化学习计划的步骤（能力里程碑5-2）。

本章内容的思维导图如图5-1所示。

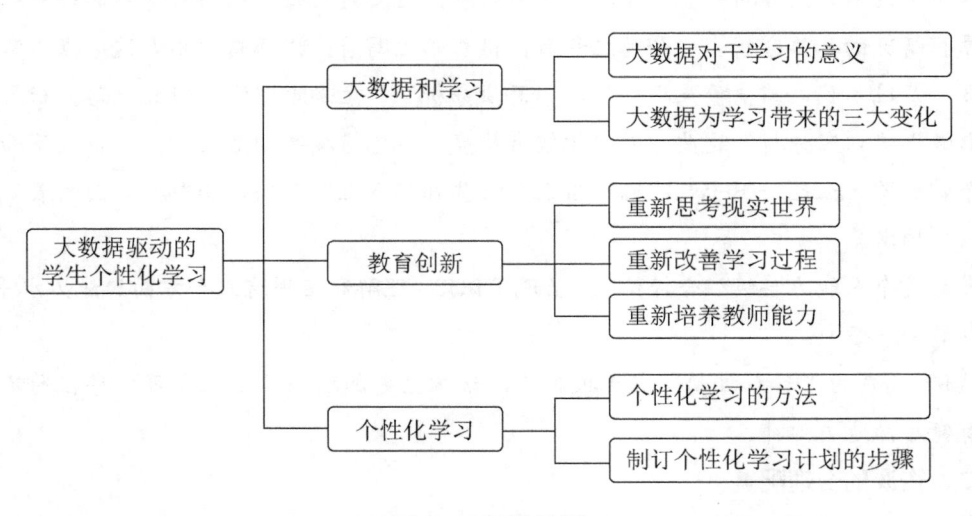

图 5-1 思维导图

自主活动：学生个性化学习的实现

一、自我反思

请学习者在学习完本章内容后，依据本章学习目标和核心问题，结合本章内容小结来进行自我反思，并建立"个人自我反思.doc"，书写本章自我反思的具体情况，在书写的过程中和书写结束后保存该文件。

二、书写学习心得

请学习者再建立"个人学习心得.doc"，结合本章学习内容和自我反思来书写本章学习心得，在书写的过程中和书写结束后保存该文件。

三、检查评价活动完成情况

请学习者在完成评价活动后，检查评价活动的完成情况。

小组活动：大数据带来的教育创新

请学习者以小组为单位完成本章内容的学习。在本章内容学习完毕后，每个学习小组建立"小组合作学习记录.doc"，并书写小组学习心得，在书写的过程中和书写结束后保存该文件。

请每个小组和小组成员分享本章的"小组合作学习记录.doc"，并根据小组成员的建议修正小组学习记录，并完善"小组合作学习记录.doc"。

请每个小组的学习成员围绕本章的学习主题进行讨论和交流，并将小组合作学习的成功之处和改进方法记录为"小组主题学习记录.doc"。

评价活动：评价本章知识与能力学习水平

一、名词解释

个性化学习（知识检查点5-3）

二、简述题

1.结合所学知识，你认为在平时的实际教学过程中，大数据为学生的学习带来了哪些变化（知识检查点5-1）？

2.结合实际教学，请谈一谈你对个性化学习的理解（知识检查点5-3）。

三、实践项目

请回顾，在实际教学工作中，对个性化学习是否有所了解？结合本章所学内容，请书写一个文档，针对校内或班级内的学生群制订一个学生个性化学习计划，帮助学生实现个性化学习（能力里程碑5-1、能力里程碑5-2）。

第六章　教师数据素养和智慧课堂建设

本章学习目标

在本章的学习中，要努力达到如下目标：
- ◆ 了解人工智能时代教师的角色转型与专业发展（知识检查点6-1）。
- ◆ 了解大数据背景下的教师数据素养（知识检查点6-2）。
- ◆ 了解智慧课堂的含义及设计原则（知识检查点6-3）。
- ◆ 掌握对课堂数据量化分析的四种方法（能力里程碑6-1）。

本章核心问题

人工智能时代，教师角色如何转型？在大数据的背景下，教师应具备的数据素养是什么？如何设计智慧课堂？如何对课堂数据进行量化分析？

本章内容结构

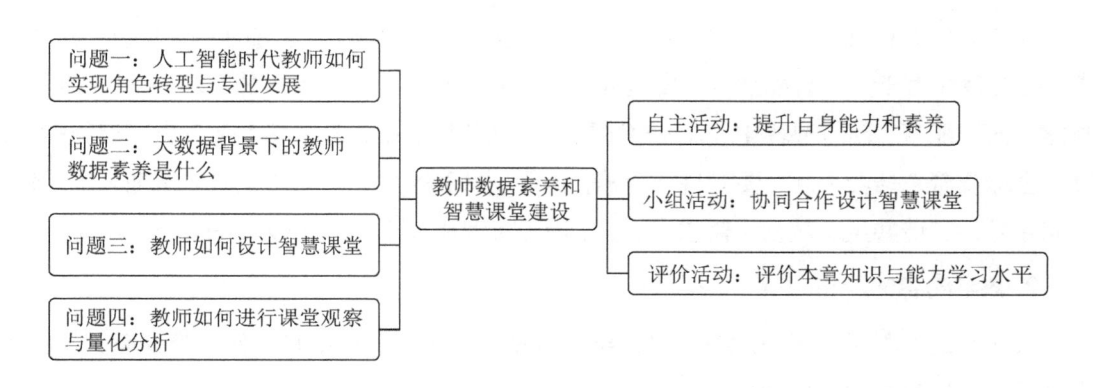

```
问题一：人工智能时代教师如何
实现角色转型与专业发展

问题二：大数据背景下的教师                          自主活动：提升自身能力和素养
数据素养是什么
                        教师数据素养和
                        智慧课堂建设        小组活动：协同合作设计智慧课堂
问题三：教师如何设计智慧课堂
                                                    评价活动：评价本章知识与能力学习水平
问题四：教师如何进行课堂观察
与量化分析
```

引 言

大家会有这样的感受,当我们对某种事物不了解的时候,最先想到的解决方法是上"百度"搜一下,正所谓"知之为知之,不知百度知!",这也说明现在获取知识的便捷度已经达到了一个很高的水平。一位教师所掌握的知识量和经验会变得不那么重要,因为他会在目前更快的学习速度下变得没有优势。

随着教育技术越来越多地应用到教育教学中,教师的教学展示工具从最初的黑板到现在的幻灯片、投影、多媒体交互屏;学生的手边从一本课本到现在的手刻蜡板、平板电脑、电子书;阅卷方式从最原始的人工阅卷到现在的网上阅卷、人工智能阅卷;出题技术从最早的手写出题到现在的剪贴出题、智能组卷等。

如今,人工智能已进军教育领域。在乔治亚理工学院一个300多人的课堂上,学生并不知道新助教吉尔·沃森(Jill Watson)是一个人工智能机器人。人工智能在教育中的应用越来越受到人们的关注,也成为推动未来教育创新发展的重要力量。这使得人们开始重新思考教师这个职业,教师会被人工智能所替代吗?教师职业是否面临消亡?

问题一:人工智能时代教师如何实现角色转型与专业发展?

一、人工智能时代:未来教师教育的冲击

人工智能是一种自动感知、学习、思考与决策的系统,它以算法(包括"深度学习""高质量的大数据""高性能的计算能力")为基础,经历了从计算智能、感知智能、认知智能等不同阶段和层次的演变。人工智能给未来教师教育带来的冲击主要体现在以下几个方面。

1. 人才培养理念的冲击

人工智能时代既是互联共享的时代,也是创新创造的时代,原有的社会结构、社会元素、社会秩序由于人工智能技术的发展被解构并且重构。社会对人才的需求,已由知识型、技能型向智能型、创新型转化。人才培养要关注创新性思维,要站在人类历史发展的高度,带着全球视野来培养人才,要有科学精神,勇于创新和探索,关注文化的丰富性和多元性,求同存异,和谐共生。从社会需求来看,创新已成为提升国家竞争力的核心要素。

2. 教学内容的冲击

人工智能的不断发展与成熟,将人类从繁重的工作中解放出来,使人类拥有大量的休闲时间去实现自身的价值和个体的自由发展。教学不仅仅是知识、经验的传授,更重要的是帮助学生在万物互联的环境下,建构对自然、社会和个体生命的认知范式,促进学生生

成有意义的互联；教学不仅仅是被动的教与学的关系，更重要的是以学生为中心，构建个性化认知模式和智慧网络。

3. 教学方式的冲击

以往的教育体系、教学过程和大工业生产的作业方式高度类似：统一的学习时间和地点、统一的教学内容、标准化的教学方式和考核标准。随着机器人走向讲台，简单的知识记忆类和技能操作类教学终将被人工智能所取代。人工智能时代的教学方式和方法主要基于学生的个性化需求。人工智能时代的教学将更加关注个性化学习体验，根据学生的认知水平、学习能力和自身素质来制订个性化的学习方案，因材施教。

4. 教师身份和角色的冲击

随着大数据、文字识别、语音识别、语义识别的出现，人工智能在智能测评方面得到了显著的发展和广泛的应用，将教师从作业批改中解放出来，使教师可以把更多的精力放在教学形式、教学方法的创新上，切实提高教学效率。特别是人机交互技术的发展，让机器模拟教师答疑、提供服务成为可能。教师应如何从原来的身份和角色中解放出来，实现角色的转型？这是人工智能时代教师迫切需要思考的问题。

二、人工智能时代：未来教师角色的转型

人工智能时代赋予了教师更多新的内涵与角色，未来教师角色将发生相应的转型，具体包括如下几方面内容。

1. 教师职能的转变和拓展

人工智能时代，教师最主要的职能不是给学生提供知识和信息，而是做学生思想的引领者。教师需要指导学生选择课程，建立个性化学习菜单，以学生的个性化发展为中心为学生提供支持和服务。在教学过程中，简单的知识传递由教学机器人来完成，教师可以有更多的时间来创造、管理和评价个性化的学习体验。针对学生的个性特征开展教学设计，观察和诊断每个学生的学习效果，并实时调整教学策略。在人工智能的帮助下，教师还应根据学生的认知水平、学习习惯、学习风格等组建学习共同体，通过线下或者线上的方式进行合作学习与讨论。

在"教"的层面，教师需要和学生一起拥抱新技术。物联网、人工智能、大数据、云计算等正走进教育教学中，教师不仅要具有教学技能，还要具备整合新技术与教育的能力，如熟练使用各种互联网教育背景下的新工具，包括教育资源的智能检索工具，跨越时空教学的可视化展示工具，教学过程的实践反思、探究教学、思维汇聚工具，教育及教学评价工具、教学及学生的管理工具等，并将这些新技术工具与知识迁移到新的教学情境中。这要求教师与时俱进地发展自己、完善自己，和学生一起拥抱新技术，努力成为人工智能时

代的合格教师。

在"育"的层面，教师需要成为学生"灵魂的工程师"。人工智能时代，记忆类的知识已经唾手可得，传道、授业、解惑的任务基本上可以由机器取代，教师可以投入更多的时间和精力在"育"人上。人工智能时代的教师要从知识的二传手向质疑精神和创新精神的引路人转变，向以学生为中心的服务者转变。强调体验和参与，引导各类学习个体构建学习共同体，共同完成学习任务。在体验和参与过程中，更加注重情感关怀，注重学生品德的养成、人格的塑造等，真正成为学生的灵魂工程师。

2. 教师角色内涵的拓展

在人工智能时代，学生可以随时随地向"他人"学习。"他人"是家庭、学校、社区、社会之间生成的各种各样的学习关系。教师的含义除了包括传统学校中的教师，还包括来自社区和社会中的各种角色，如桥梁专家、科研院士，甚至社区里的老人、高校图书馆的管理员等。这些社会中的角色可以更广泛、更方便地参与到未来的教育体系中，带给学生全新的学习体验。学习是生活过程的片段，学习对象是日常生活中的普通人、各行各业中的从业者、专业领域中的专家等；同样地，日常生活中的普通人、各行各业中的从业者、专业领域中的专家也是指导学习的教师。

3. 师生之间互动的多元化

在人工智能时代，全人类步入一个新的人机合作的时代，新技术为实现多角色、多层次、多角度的跨时空、跨身份交互提供了技术支持，教师不再是教学互动的中心或核心信息源，除了师生之间，教师与机器人、机器人与学生、学生与学生之间也将实现多元化的互动。教师要学习新的技能，利用机器人来促进教学，从而适应人工智能教育背景下的教师角色。人工智能时代，不管是在现实生活中的教室、课堂、社区、文化场馆，还是虚拟课堂，教师与学生都围绕着学习任务展开活动，教师与学生互为主体，共同分享知识，共同对重难点进行探索，相互交流讨论。在教学和学习活动中，教师与学生是一种"学习共同体"的关系，即教师与学生都有学习的任务和权利，教师与学生一起探索、创新。

4. 教师在教育中的作用更加重要

传统意义上的知识型教育和技能型教育可能会被人工智能所代替，甚至一些内容本身也会被代替，但是对学生人生观、世界观的塑造（"传道"）和某种程度上的"解惑"还需要由教师来完成。在人工智能时代，社会需要个性化的人才和创新创造型的人才，为此，教育也需要为培养这类人才而改变。教师需要给学生以美德、艺术等层面的熏陶感染，帮助学生健康成长，实现学生个体自由、全面的发展，引导学生将个人价值、社会价值和时代价值统筹起来，在实现时代价值和社会价值中体现个体价值，成为具有家国情怀的创新型人才。

从这个角度来讲，教师职业不仅不会消亡，教师的功能和作用还会更加重要、更加有力量。

三、人工智能时代：未来教师的专业发展

人工智能的不断发展要求教师与时俱进。多元的交互打破了教师对知识的绝对权威地位，解构了教师的主导地位，教师的教学能力受到挑战。

1. 由"专注教学"到"专注社会的发展变化"转变

3D打印能够用鼠标实现我们的创意，智能制造和绿色制造正在向我们走来，我们将会在个性化、分散化和协作化的社会中前进。科技的日新月异导致教育目标、教学内容、教学方式都在不断地调整和变化，未来的教师必须第一时间感知社会的发展变化。在这样一个技术迭代越来越快的新社会里，究竟需要什么样的人才？作为新时期的教师，如何培养社会需要的人才？预测不断发展的社会需要的人才所具备的知识和技能，并且与时俱进，准备随时把最有用、最利于学生适应未来发展所需具备的知识和技能作为自己教学的出发点和归宿，让自己与学生一起在社会的变革中成长。

2. 由"单一能力"向"多种能力"转变

在人工智能时代，通过练习就能掌握的单一的技能早已不能适应社会的发展。反之，那些最能体现人的综合素质的技能，例如，人对于复杂系统的综合分析、决策能力，对于艺术和文化的审美能力，以及由生活经验及文化熏陶产生的直觉、常识和基于人自身的情感与他人互助的能力，是人工智能时代最有价值、最值得培养和学习的技能。社会需要创新型人才，要培养有科学精神、勇于创新和探索的人才。基于上述人才培养目标，教师不仅仅是知识的传递者、新技术的实践和运用者，同时还是学生个性化学习的服务者、一起参与交流讨论的学习伙伴、培养学生创新精神的引路人。

3. 由"个体性作用发挥"向"人机协作性作用发挥"转变

在传统的教学环境中，教师的教学能力仅仅在本班级、本学校发挥作用。在人工智能时代，全人类步入一个新的人机合作时代，除了教师，还有机器人辅助教学，新技术为师生之间实现多角色、多层次、多角度的交互提供了技术支持，教师与机器人教师、机器人教师与学生、教师与学生之间的互动也将是多层次、多角色的。人工智能时代，教师可以利用机器人教师来大幅度提高教学效率。此外，一堂好的课通过互联平台不仅可以让本学校教师和班级受益，还可以让其他班级、学校，甚至可以使世界上任何一所学校的班级和学生受益。而且在人工智能时代，教师的协作交流更加紧密，通过同行之间的交流、对话与协作，形成教师的集体教学智慧，教师由"个体性作用的发挥"向"人机协作性作用发挥"转变。

问题二：大数据背景下的教师数据素养是什么？

一、教师数据素养的内涵

何谓教师数据素养？教师数据素养主要指教师在数据的采集、组织和管理、处理和分析、共享与协同创新方面的能力，以及教师在数据的生产、管理和发布过程中的道德与行为规范。教师收集学生的考试成绩、学习行为及其他数据，为学校和学生的发展开发基于数据的策略。数据素养不仅强调组织、解释、整合和分析等技能，而且注重评估知识、统计知识等。数据素养是准确观察、分析和处理不断变化的各种数据，从而促进决策有效性的能力。教师将数据转换为信息，能持续促进教与学。

二、教师数据素养的构成要素

教师数据素养是大数据时代对教师能力的新要求，既有助于学生的沟通、合作、信息处理等能力的发展，也对教师自身发展具有重要价值，主要由数据意识、数据能力和数据伦理道德三大部分构成。

1. 数据意识

数据意识是数据素养的先决条件，是指客观存在的数据在人脑中的能动反映，表现为人们对所关心的事或物的数据敏锐的感受力、判断力和洞察力，以及对数据价值的认同。教师的数据意识就是教师对自己教学实践接触到的相关数据及其异动具有敏锐的嗅觉，对教与学的相关过程和行为等能够从数据的角度理解、感受和评价。通俗来讲，数据意识强的教师能积极主动地分析数据，及时地发现数据的相关性，并诠释超越数据本身的意义。

2. 数据能力

数据能力是指教师对数据的处理能力，是教师数据素养的核心，也是教师应用数据改进教与学的根本前提。主要包括四点：数据获取能力、数据分析能力、数据解读能力和数据交流能力。

（1）数据获取能力

数据获取能力是教师获取数据的基本能力。教师的数据获取无疑是有意识、有目的、有选择的，获取途径有两种：一是从现有数据源中获取，如学生信息管理系统、电子档案袋等；二是合理设置教学活动或评价，获取学生活动数据，如学习评价量表等，而有条件的教师则可使用课堂管理软件对学生的表现加以量化式管理。

（2）数据分析能力

教师的数据分析能力关注的是对分析工具的操作能力以及对数据分析有关概念的理解与应用，包括数据的可靠性与准确性判断，如数据来源、数据测量误差、数据的信度效度分析；数据的相关性分析，如不同行为表现、不同科目、不同群组等的相关性分析；教学重要指标分析，如学生成绩的标准差、极端数据；数据的差异性分析，如某种教学策略实施前后学生考试成绩的差异分析。

（3）数据解读能力

数据解读，即构建数据与教学间的关联，赋予数据以教学含义。数据解读能力是教师运用数据的关键所在。教师的数据解读能力重点关注数据教学含义的理解、教学问题的识别，如在同一学科的两次考试成绩差异较大，教师就须在分析学生总体、不同群体、学生个体、各题得分等情况的基础上，理解考试成绩差异的缘由，识别学生的学习问题，以便调整教学策略，改进教与学。

（4）数据交流能力

数据交流能力即"用数据说话"的能力，也就是使用数据与教学利益相关者对教学相关主题进行交流，这种交流主要包括基于数据与学生和家长交流，基于数据展开与同事间的讨论与协作，使用数据形成教学与反思报告，基于数据等客观证据对自己的教学进行总结与反思，有效避免教学中的模板式、主观式的总结与反思。

3. 数据伦理道德

在数据分析和使用的过程中，教师要懂得科学性和伦理性原则。虽然大部分数据是易得、开放和透明的，但是信息和数据的安全问题值得注意，教师必须重视数据安全和个人隐私。个人隐私保护是实现数据采集和分析的重要前提条件，否则，教师将面临道德压力和法律制裁。

> **问题三：教师如何设计智慧课堂？**

一、教室环境建设进程

从 2000 年开始，我国陆续启动了一批教育信息化工程，在教育信息化基础设施建设方面取得了较大的发展。2010 年以后，教育信息化对教室环境建设的重视程度进一步提高，相关政策中明确提出技术支持的教室环境将是教育信息化建设的重要方面，"三通两平台"是当前教育信息化建设的核心工程与标志工程。

"三通两平台"中的"班班通"着力解决信息化教室环境与资源的创造性应用问题，是提高每一堂课教学质量的事关教育发展的重要战略决策。"班班通"即在每个班级配备适量的信息化设备和网络设施的基础上，配备与之相适应的信息化教学资源，并利用信息化资源和设备开展教学。在"班班通"的推动下，各地结合各区域的实际情况，开展了教室环境建设工作。

二、智慧学习与教室环境优化

数字时代的学生善于借助技术，强调团队协作，重视实际操作，偏好自主、探究、合作等新型学习方式，追求创新。智慧学习的智能感知、强交互与高沉浸等特点，可以充分满足他们的学习诉求。目前常用的教室环境按照人机比与交互程度可分为多媒体教室、交互白板教室、计算机机房与平板电脑教室。其中，多媒体教室可以很好地支持"传递—接受"式教学模式的开展。特别适用于知识内容集中讲授和重难点回顾等基本教学环节；交互白板教室适用于演示型教学内容讲解和人机互动；计算机机房适用于支持计算机和模拟操作技能的习得，也适用于开展探究学习或基于项目的学习等；平板电脑教室适用于课程内容个性化学习和实时交互评测。

三、智慧学习环境框架

智慧学习可以理解为一个智慧学习系统，它离不开智慧学习环境的支持，强调学习主体与环境的相互作用，智慧学习环境框架如图6-1所示。智慧学习环境框架由内到外包含学习体验、学习支持技术、学习情境要素、教与学逻辑关系四个层次。从内部来看，智慧学习环境框架是以学习者为核心建立的。学习者在任意时间、任意地点以任意方式和任意步调（4A）进行轻松、投入、有效的（3E）学习，即智慧学习。从外部来看，智慧学习环境框架包含四个部分：学习活动、教学活动、学习内容和学习时空。每一部分分别由三个要素构成，它们形成了要素层。要素层通过技术层中的四类技术所提供的环境实现智慧学习，技术层是从一般学习到智慧学习的桥梁。智慧学习环境框架中教与学的逻辑应遵循学习资源匹配、教学逻辑自洽、学习体验丰富、学习反馈及时四个基本原则，这也是判断一个系统是否为智慧学习系统的依据。

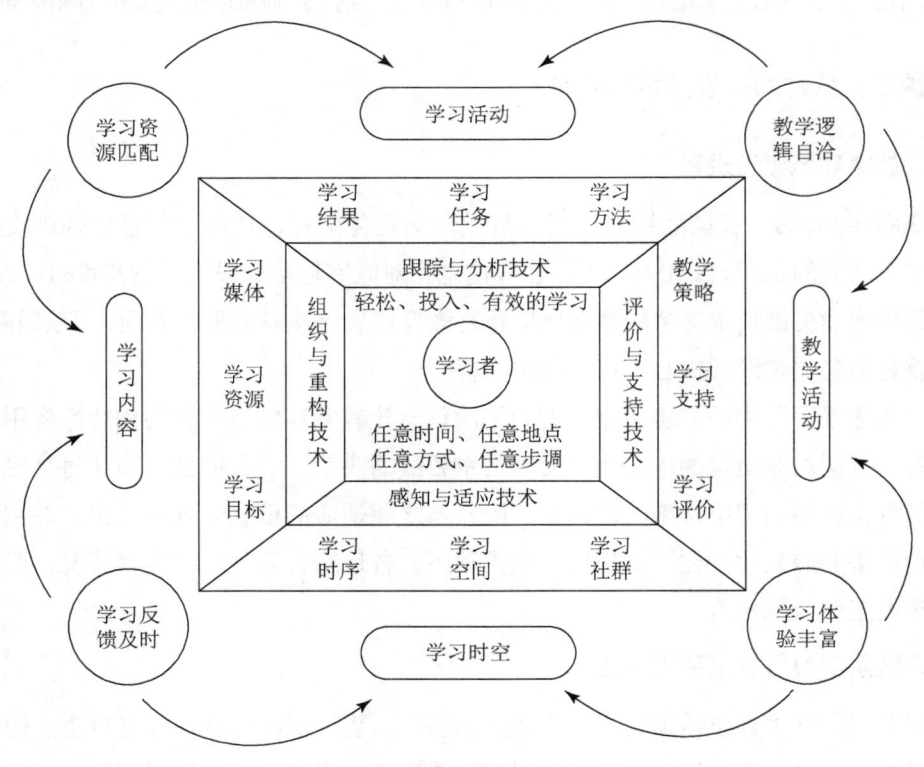

图 6-1 智慧学习环境框架

在智慧学习环境框架中，学习活动包含学习者的学习任务、学习方法和完成学习任务后的学习结果；教学活动包含选择、组织、调节和控制学习者学习活动的教学策略，在学习活动中提供的学习支持，以及在学习活动中和学习完成后提供的学习评价；学习时空包含学习资源排列的学习时序、开展学习活动的学习空间（包括物理学习环境的学习空间和虚拟学习环境的学习空间）和进行参与式学习、讨论式学习的学习社群；学习内容包含指导学习者开展学习活动的学习目标、开展学习活动时的学习资源和学习媒体。

从教育提供者或教育建设者的角度，基于智慧学习环境对学习者的支持体验来说，智慧学习可以为学习者提供一种轻松、投入、有效的学习体验。其中，轻松是指由智慧学习环境提供便捷的学习氛围，使学习者的学习过程变得轻松；投入是指学习环境能激发和促进学习者的学习兴趣，使学习者的学习兴趣和参与度保持在一个较高的状态，这种学习环境中的学习者是投入的；有效是指智慧学习环境下的学习结果基本符合甚至高于预期。

四、智慧课堂的设计

设计智慧课堂没有特定的方法和步骤，在实践的过程中我们可以参考智慧课堂的设计原则，即智慧学习环境框架中教与学遵循的四个基本原则，分别是学习资源匹配、教学逻辑自洽、学习体验丰富、学习反馈及时。根据不同的学习目标，对学习媒体和学习资源进行组织与重构，以此来支持不同的学习活动，完成学习资源的匹配。通过跟踪与分析技术在学习活动中收集海量数据，并以此来支撑评价与支持技术下的教学活动，这种模式下的教学逻辑是自洽的。学生在不同的学习时空下开展各种活动时，通过情景感知与适应技术、评价与支持技术，接受系统在他们学习过程中提供的及时交互，这种学习体验是丰富的。学生在学习过程中进行的各类反馈能够及时通过智慧学习环境被表达、被呈现，并得到相应的响应和指导，这种学习反馈是及时的。

问题四：教师如何进行课堂观察与量化分析？

课堂观察是课堂研究广为使用的一种研究方法。课堂观察就是指研究者或观察者带着明确的目的，凭借自身感官及相关辅助工具，直接或间接地从课堂情境中收集资料，并依据资料做相应研究的一种教育科学研究方法。这里给大家介绍几种较为常用的课堂观察方法。

一、弗兰德斯分析方法（FIAS）

互动分析是对课堂教学进行教学类型的编码与解读过程。为了使教师们获得客观的课堂教学质量评估信息，美国教育家弗兰德斯（Ned A. Flanders）在20世纪60年代提出了弗兰德斯互动分析系统（Flanders Interaction Analysis System，FIAS）。FIAS是学习过程中重要的信息反馈，用于分析师生课堂上的言语互动过程，它是以教师、学生的言语行为及沉寂情况这三大类别所划分的编码系统，其中包含10种互动行为编码。

二、改进型弗兰德斯分析方法（iFIAS）

由于 FIAS 对观察者要求较高，且多是对师生言语、态度的分析，同时对沉寂情况的编码不够完善，而且缺少对信息技术的分析。为了使其能更好地被用于数字化课堂教学的分析，笔者对 FIAS 的编码系统进行了部分调整和优化设计，形成了改进型弗兰德斯互动分析系统（improved Flanders Interaction Analysis System，iFIAS）。

iFIAS 适用于技术支持的数字化课堂分析，它由原来的 10 个互动行为编码改为 14 个互动行为编码，如表 6-1 所示。其中增加的编码行为有沉寂（包括有助于教学的沉寂和无助于教学的混乱），增加的技术编码有教师操纵技术和学生操纵技术。

表 6-1　改进型弗兰德斯互动分析系统（iFIAS）

教师语言	间接影响	1	教师接受情感		
		2	教师表扬或鼓励		
		3	教师采纳学生观点		
		4	教师提问	4.1	提问开放性问题
				4.2	提问封闭性问题
	直接影响	5	教师讲授		
		6	教师指令		
		7	教师批评或维护教师权威		
学生语言		8	学生被动应答		
		9	学生主动说话	9.1	学生主动应答
				9.2	学生主动提问
		10	学生与同伴讨论		
沉寂		11	无助于教学的混乱		
		12	有助于教学的沉寂		
技术		13	教师操纵技术		
		14	学生操纵技术		

三、时序分析法

时序分析法是依据课堂时间顺序来观察和分析学生和教师行为的一种方法。时序分析法中,仅考虑了两个相邻行为(项目)间的迁移关系,没有考虑多个项目组成的序列间的相互关系。时序分析法是一种以时间轴为横轴,以行为类别为纵轴的图形,如图 6-2 所示。

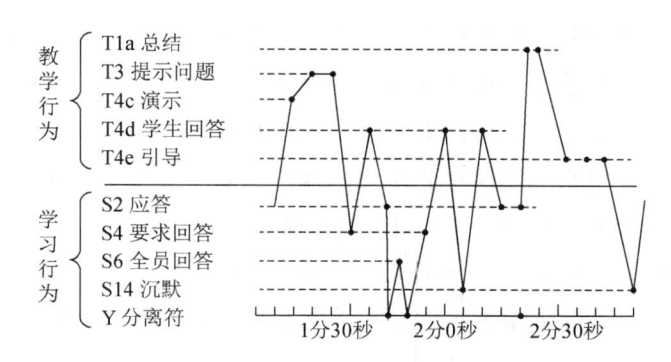

图 6-2 分类数据的时序表示

以时间轴为横轴的时序表示也存在着一定的局限性。在这个图形中,横轴表示时间的量度,但纵轴没有表示行为的类别,更没有表示类别的量度。为了解决这个问题,可将教学过程以若干个时间序列或时间序列的组合表示。可以将若干个时间序列的组合作为教学过程中一种新的要素来考虑。教学分析时,还可以在这种部分组合序列的基础上构成分析序列,由此实现复杂教学系统的教学分析。

四、S-T 分析法

S-T 分析法是观察和分析课堂上学生和教师的交互行为的一种方法。教学研究的最终目的是完善教学,教学是一种复杂的过程,我们很难仅从一个方面,以一维的方式进行研究。教学受多种因素(教师的行为、教材的特性、学科的特点、学生的特点和学习环境等)的影响。我们在参观教学、评价教学时,认为这一节课很好,那一节课不怎么样,往往有很多主观的因素,要想得到定量的、指导性的结论,往往是比较困难的。而只有这种定量的、客观的指导意见,才能帮助教学人员找到完善教学的具体方法。S-T 分析法为获取客观信息提供了一种有效的方法。

S-T 分析法的主要特点如下:

1. 将教学中的行为仅分为学生(S)行为和教师(T)行为两类,避免了教学过程中行为分类的模糊性,增加了客观性;

2. 将计划教学与实施教学的结果以图形表示,用可视化的方法研讨教学;

3. 不需要复杂的计算,有利于推广、实施。

学术分享1：5G时代的移动互联网智慧课堂

不同于新兴的互联网教育模式，基于移动互联网的大规模学习服务生态环境将伴随5G网络和终端产业发展成为下一代学习服务新模式。其中，如何实现随时随地的学习服务和精准服务成为亟待解决的关键问题。基于移动互联网的大规模学习服务生态环境不仅突破了学习空间、学习资源、学习方式等的限制，而且能够支持学生随时随地地进行自主学习，融合多方面的支持和综合服务，是未来大规模学习服务的发展方向。

大规模学习服务生态环境主要是由教育主体和教育环境两部分构成的，学生原有的知识体系在情境中的建构过程和环境的系统化、过程化支持是相互协作的。基于5G移动互联网的中小学大规模学习生态环境存在以下明显特征。

移动终端的便捷性。首先，从外观来看，移动终端屏幕较小，便于携带。其次，从工作时间来看，移动终端的耗电量更少，工作时间更长，便于长时间学习使用。最后，从学习功能上看，移动终端不仅能够支持学生在搜索资源平台上进行任意学习资源的浏览和学习，还能支持随时随地地学习。

移动终端的参与性。移动终端的参与性主要是指家长的参与，强调家长要积极参与到学校的教学活动中，与教师共同监督和引导学生的学习。移动终端打破了学校物理环境的局限性，实现了学生、教师、家长以及管理者之间的无障碍交流。

移动终端的即时通信。移动终端的即时通信功能允许用户之间互相添加好友，实现了学生、教师及家长三者之间的即时联系。对于教师而言，可以添加学生、同事和家长为好友，方便课下督促和指导学生学习，方便与同事交流教学心得或向名师请教教学经验，方便与学生家长进行沟通，及时了解学生的学习情况。对于家长而言，可以添加教师和自己的孩子为好友，从教师那里快速且便捷地了解到孩子的在校表现。

移动终端的云服务。移动终端的云服务功能实现了学生与终端的紧密捆绑，通过云计算处理技术，将学生的基础信息、学习路径、学习评测等内容，以大数据的形式储存在云端，使用终端边缘计算对大数据进行处理、分析，为从事教育研究工作的专家、学者提供便利，对某个教育现象或趋势进行判定，力求引领教育领域向更先进的方向发展。

> **学术分享 2：人工智能教育机器人支持的新型"双师课堂"**

"人工智能＋教育"时代，人工智能技术将作为未来教师工作的有机组成部分，通过人机协作，辅助教师完成日常工作，实现高效教学。"双师课堂"作为协同教学的一个分支，最原始的形式是组织优秀教师录制教学资源光盘，配送到农村中小学，部分替代了教师的现场教学。现在常见的"双师课堂"，是由远程授课教师通过大屏幕远程在线直播授课，同时线下班有一位辅导教师在班内负责维护课堂秩序、答疑、布置作业等。国内诸多培训机构均应用此模式。有相关研究提出"双师"服务的概念，所谓"双师"是指每位学生除了在校获得本学校教师提供的面对面实体教学服务外，还参加课外的一对一在线辅导。

新型"双师课堂"，是指人工智能教育机器人和教师共同在课堂中承担教学工作，人工智能教育机器人承担教师的部分教学任务，并提供个性化学习服务。新型"双师课堂"是一个闭环的服务支持系统，教师与学生之间"引导—反馈"的交互行为同样也适用于人工智能教育机器人与学生之间。新型"双师课堂"以教师为起点，教师向人工智能教育机器人发送应用请求，人工智能教育机器人响应该请求并反馈相关结果。教师可以向机器人发送了解"学生实时学习进度""学生情绪现状"等需求，机器人根据学生反馈的数据，处理分析之后呈现给教师。

最终，人工智能教育机器人提供个性化学习支持，教师则抛弃了重复性工作，引导学生思考、锻炼学生的综合能力、聚焦学生核心素养的培养。

这样，教师在教学过程当中，与学生之间仍然是"引导—反馈"的关系。但是与传统课堂不同的是，教师在教学设计的环节需要明确自己的教学任务和对于人工智能教育机器人的应用需求，并在人工智能教育机器人上选择相应的功能。教师不需要亲自动手操作多种数字化设备，而是通过人工智能教育机器人统一管理、应用数字化设备。学生在使用数字化设备的过程中会产生相应的信息，这些信息转化为数据之后由人工智能教育机器人统一反馈给教师。因此，在新型"双师课堂"中，教师在注重"育人"的同时，也要明确人工智能教育机器人"教书"的职责。

本章内容小结

本章我们学习了人工智能时代教师应该实现的角色转型和专业发展（知识检查点6-1），了解了大数据背景下的教师数据素养（知识检查点6-2）以及智慧课堂的含义和设计原则（知识检查点6-3），掌握了对课堂数据量化分析的四种方法（能力里程碑6-1）。

本章内容的思维导图如图6-3所示。

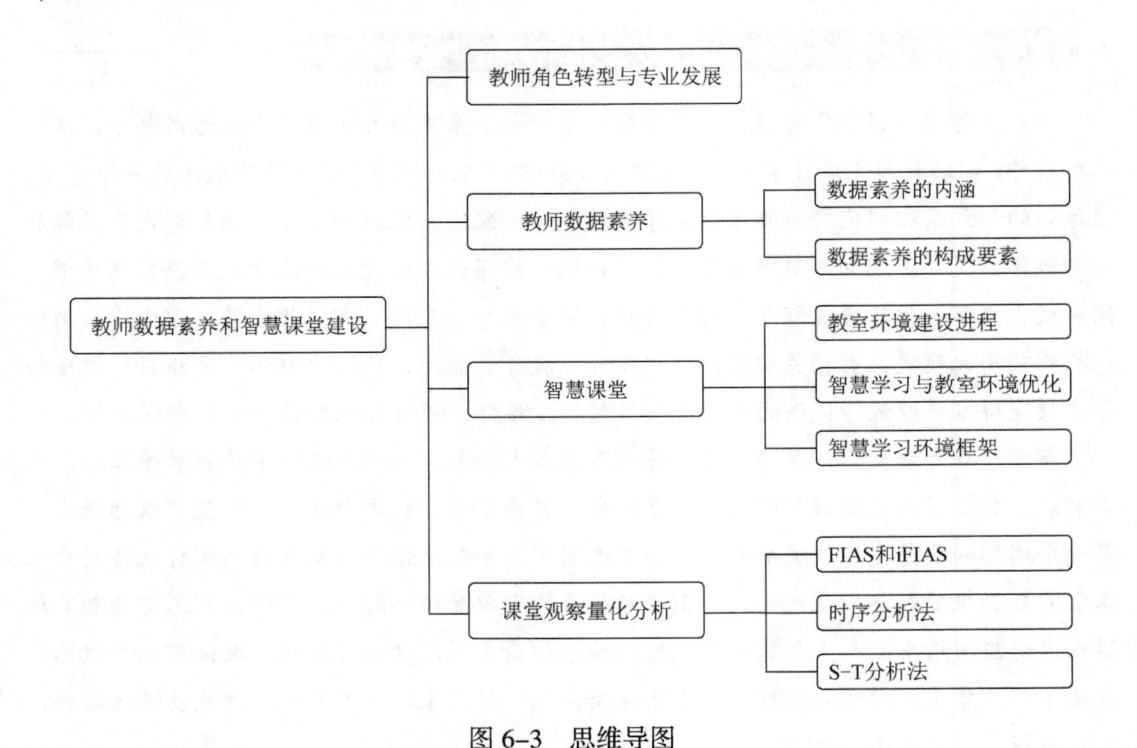

```
                          ┌─ 教师角色转型与专业发展
                          │
                          │                    ┌─ 数据素养的内涵
                          ├─ 教师数据素养 ─────┤
                          │                    └─ 数据素养的构成要素
教师数据素养和智慧课堂建设 ┤
                          │                    ┌─ 教室环境建设进程
                          ├─ 智慧课堂 ─────────┼─ 智慧学习与教室环境优化
                          │                    └─ 智慧学习环境框架
                          │
                          │                    ┌─ FIAS和iFIAS
                          └─ 课堂观察量化分析 ─┼─ 时序分析法
                                               └─ S-T分析法
```

图 6-3 思维导图

自主活动：提升自身能力与素养

一、自我反思

请学习者在学习完本章内容后，依据本章学习目标和核心问题，结合本章内容小结来进行自我反思，并建立"个人自我反思 .doc"，书写本章自我反思的具体情况，在书写的过程中和书写结束后保存该文件。

二、书写学习心得

请学习者再建立"个人学习心得 .doc"，结合本章学习内容和自我反思来书写本章学习心得，在书写的过程中和书写结束后保存该文件。

三、检查评价活动完成情况

请学习者在完成评价活动后，检查评价活动的完成情况。

小组活动：协同合作设计智慧课堂

请学习者以小组为单位完成本章内容的学习。在本章内容学习完毕后，每个学习小组建立"小组合作学习记录.doc",并书写小组学习心得,在书写的过程中和书写结束后保存该文件。

请每个小组和小组成员分享本章的"小组合作学习记录.doc",并根据小组成员的建议修正小组学习记录,并完善"小组合作学习记录.doc"。

请每个小组的学习成员围绕本章的学习主题进行讨论和交流,并将小组合作学习的成功之处和改进方法记录为"小组主题学习记录.doc"。

评价活动:评价本章知识与能力学习水平

一、名词解释

数据素养(知识检查点6-2)

智慧课堂(知识检查点6-3)

课堂观察(能力里程碑6-1)

二、简述题

1. 结合所学,请谈一谈如何应对人工智能时代的教师角色转型和专业发展(知识检查点6-1)。

2. 在教育大数据背景下,请结合实际教学情况,谈谈如何提升自身数据素养(知识检查点6-2)。

3. 结合实际教学,请简要谈谈你在实际教学中使用过哪几种课堂观察的量化分析方法(能力里程碑6-1)。

三、实践项目

请回顾,在实际教学工作中,你是否设计过智慧课堂?结合本章内容,请书写一个文档,从移动互联网下的智慧课堂或人工智能教学辅助机器人支持的双师课堂中任选其一,根据自己所教学科,针对某个课时设计智慧课堂,模拟教学(知识检查点6-3)。

第七章　校长思维方法和智慧校园建设

本章学习目标

在本章的学习中，要努力达到如下目标：
- ◆ 了解提升校长决策思维的方法（知识检查点 7-1）。
- ◆ 了解大数据驱动的智慧校园系统建设的关键（知识检查点 7-2）。
- ◆ 掌握 SWOT 分析方法（能力里程碑 7-1）。
- ◆ 掌握大数据技术在智慧校园的具体应用（能力里程碑 7-2）。

本章核心问题

什么是 SWOT 分析方法？校长提升决策思维的方法有哪些？大数据驱动的智慧校园系统建设的关键是什么？大数据技术在智慧校园的具体应用有哪些？

本章内容结构

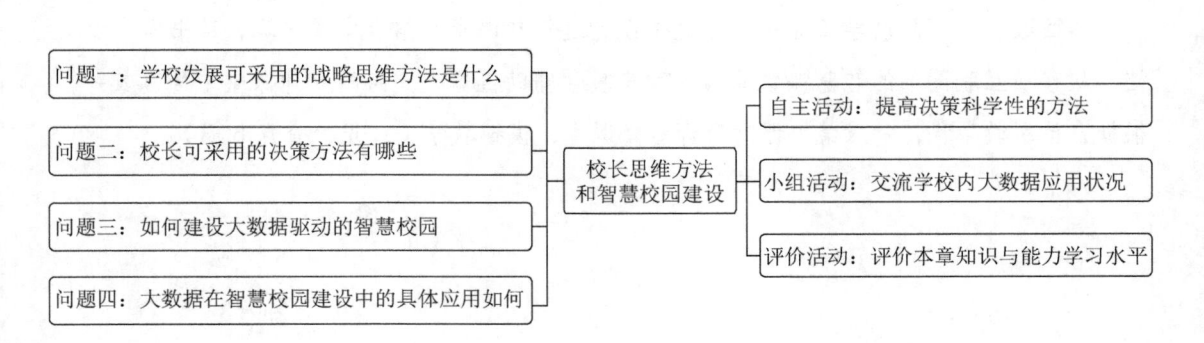

- 问题一：学校发展可采用的战略思维方法是什么
- 问题二：校长可采用的决策方法有哪些
- 问题三：如何建设大数据驱动的智慧校园
- 问题四：大数据在智慧校园建设中的具体应用如何

校长思维方法和智慧校园建设

- 自主活动：提高决策科学性的方法
- 小组活动：交流学校内大数据应用状况
- 评价活动：评价本章知识与能力学习水平

引 言

智慧城市也好，未来城市也罢，人类的生活方式正在技术的影响下加速变革。学校不能用过去的教育理念和过去的教育环境去教育生活在未来的学生。

如何应用好数据是学校发展现代化面临的根本问题，具体来说，如何丰富校长在学校发展过程中进行决策的思维方法？如何建设一个更高效的智慧校园环境？这些对于学校的整体发展尤为重要。

问题一：学校发展可采用的战略思维方法是什么？

战略思维用于宏观谋划，旨在谋求长远生存与整体利益。战略思维的意义是空前的，每一个强大的国家都是战略成功的产物，世界上任何民族的崛起，也都依赖于战略选择的支撑。学校战略思维是指思维主体（校长或学校决策者）对关系学校全局的、长远的、根本性的重大问题进行谋划（分析、判断、预见和决策）的思维过程。战略思维涉及的对象大多是复杂的政治、经济、文化系统。对学校而言，包括学校发展的文化底蕴、愿景目标、治学理念、整体环境、顶层设计和技术趋势等诸多要素。学校发展的战略思维方法可借鉴企业常用的 SWOT 分析方法。

一、SWOT 分析方法的含义

所谓 SWOT 分析，即基于内外部竞争环境和竞争条件的态势分析，就是将研究对象的相关信息，如内部优势、劣势和外部的机会、威胁等，通过调查列举出来，并依照矩阵形式排列，然后用系统分析的思维，把各种因素相互匹配并加以分析，从中得出一系列相应的结论，而结论通常带有一定的决策性。

运用这种方法，可以对研究对象所处的情景进行全面、系统、准确的研究，从而根据研究结果制订相应的发展战略、计划及对策等。其中，S（Strengths）是优势、W（Weaknesses）是劣势，O（Opportunities）是机会、T（Threats）是威胁。

SWOT 分析方法从一开始就具有显著的结构化和系统性的特征。就结构化而言，首先是在形式上，SWOT 分析方法表现为构造 SWOT 结构矩阵，并对矩阵的不同区域赋予不同意义。其次是在内容上，SWOT 分析方法的主要理论基础也强调从结构分析入手，对组织的外部环境和内部环境进行分析。从整体上看，SWOT 分析方法可以分为两部分：第一部分为 SW，主要用来分析内部环境；第二部分为 OT，主要用来分析外部环境，如图 7-1 所示。

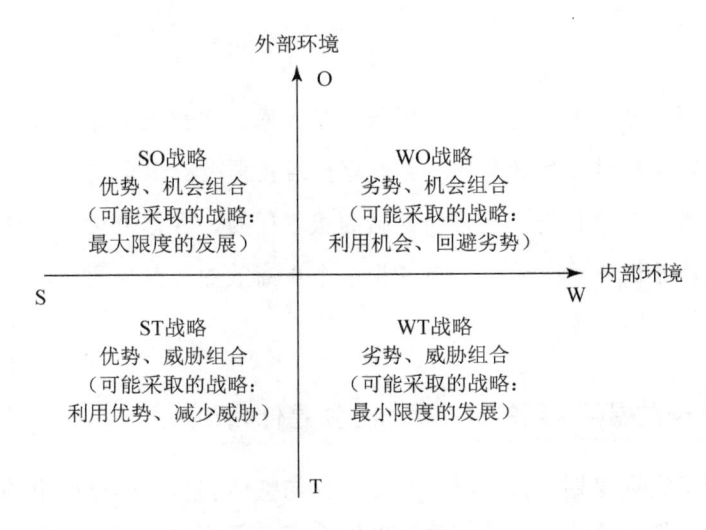

图 7-1 SWOT 分析矩阵

1. 优势与劣势分析（SW）

由于学校是一个整体，且优势来源广泛，所以在做优劣势分析时必须从每个环节出发，将学校与竞争对手做详细的对比。如课程是否新颖，是否符合国家课程标准，教学管理流程是否完善，以及社团是否具有突出特色等。如果一个学校在某一方面或几个方面的优势正是该类学校应具备的关键要素，那么，该学校的综合竞争优势就强一些。需要指出的是，衡量一所学校及其课程等是否具有竞争优势，应该站在现有的和潜在的学生角度上，而不是站在学校的角度上。

2. 机会与威胁分析（OT）

当前社会培训机构和互联网教育企业提供了特定的课程和服务，这些课程和服务或多或少会影响学校的原有活动，学校可能会采取相应的调整措施，而这些企业提供的课程和服务对学校不仅有威胁，而且可能带来机会。学校必须分析，企业提供的课程和服务是给学校原有的活动带来了冲击，还是提供了更高的辅助价值？学校可以采取什么措施来降低影响或风险？

利用这种方法可以从中找出对自己有利的、值得发扬的因素，以及对自己不利的、要避开的层面，发现存在的问题，找出解决办法，并明确以后的发展方向。根据这个分析，可以将问题按轻重缓急分类，明确哪些是急需解决的问题，哪些属于战略目标上的障碍，哪些属于战术上的问题，并将这些研究对象列举出来，依照矩阵形式排列，然后用系统分析的思维，把各种因素相互匹配起来加以分析，从中得出一系列相应的结论，这些结论通常有利于领导者和管理者做出正确的决策和规划。

二、SWOT 分析流程

SWOT 分析的流程如下。

1. 分析环境因素

运用各种调查研究方法，分析学校所处的环境因素，即外部环境因素和内部能力因素。外部环境因素包括机会因素和威胁因素，它们是外部环境对学校的发展直接有影响的有利和不利因素，属于客观因素。内部能力环境因素包括优势因素和弱势因素，它们是学校在其自身发展中存在的积极和消极因素，属于主观因素。在调查分析这些因素时，不仅要考虑到历史与现状，还要考虑未来的发展。

2. 构造 SWOT 矩阵

将调查得出的各种因素根据轻重缓急或影响程度等排序方式，构造 SWOT 矩阵。在此过程中，将那些对学校发展有直接的、重要的、迫切的、久远的影响因素优先排列出来，而将那些间接的、次要的、缓慢的、短暂的影响因素排列在后面。

3. 制订行动计划

在完成环境因素分析和 SWOT 矩阵的构造后，便可以制订出相应的行动计划。制订行动计划的基本思路是发挥优势因素，克服弱势因素，利用机会因素，化解威胁因素，考虑过去，立足当前，着眼未来。

问题二：校长可采用的决策方法有哪些？

一、德尔菲法：一种高效的预测方法

德尔菲法是在 20 世纪 40 年代由赫尔默（Helmer）和戈登（Gordon）首创的。1946 年，美国兰德公司为避免集体讨论中存在的屈从于权威和盲目服从多数的现象，首次用这种方法进行定性预测，后来该方法被迅速广泛采用。

德尔菲法依据系统的程序，采用匿名发表意见的方式（即专家之间不得互相讨论，不得发生横向联系），通过多轮次调查专家对问卷所提问题的看法，经过反复征询、归纳、修改，最后汇总，作为预测的结果。这种方法具有广泛的代表性，较为可靠。德尔菲法本质上是一种反馈匿名函询法。其大致流程是：在对所要预测的问题征得专家的意见之后进行整理、归纳、统计，再匿名反馈给各个专家，再次征求意见，再集中，再反馈，直至得到一致的意见。其过程可简单表示如下：

匿名征求专家意见—归纳、统计—匿名反馈—归纳、统计……若干轮后停止。

由此可见，德尔菲法是一种以函询形式进行的集体匿名思想交流过程。它有三个明显区别于其他专家预测方法的特点，即匿名性、多次反馈、小组的统计回答。

二、六顶思考帽法：一种实用的决策与沟通方法

六顶思考帽法是英国学者爱德华·德·博诺（Edward de Bono）博士开发的一种思维训练模式，或者说是一个全面思考问题的模型。这个方法避免将时间浪费在互相争执上，强调的是"能够成为什么"，而非"本身是什么"，是寻求一条向前发展的路，而不是争论谁对谁错。运用六顶思考帽法，将会使混乱的思考变得清晰，使团体中无意义的争论变成集思广益的创造，使每个人变得富有创造性。

具体而言，六顶思考帽法是指用六种不同颜色的帽子代表六种不同的思维模式。任何人都有能力使用这六种思维模式。

白色思考帽：白色是中立而客观的。戴上白色思考帽，人们思考的是客观的事实和数据。

绿色思考帽：绿色代表茵茵芳草，象征勃勃生机。绿色思考帽寓意创造力和想象力，具有创造性和求异思维。

黄色思考帽：黄色代表价值与肯定。戴上黄色思考帽，人们从正面考虑问题，表达乐观的、满怀希望的、富有建设性的观点。

黑色思考帽：戴上黑色思考帽，人们可以持否定、怀疑、质疑的态度，合乎逻辑地进行批判，尽情发表负面意见，找出逻辑上的错误。

红色思考帽：红色是情感的色彩。戴上红色思考帽，人们可以表现自己的情绪，还可以表达直觉、感受、预感等。

蓝色思考帽：蓝色思考帽负责控制和调节思维过程。负责控制各种思考帽的使用顺序，规划和管理整个思考过程，并负责做出结论。

对六顶思考帽法理解的最大误区就是仅仅把思维分成六种不同颜色，使用六顶思考帽法的关键在于使用者用何种方式去排列帽子的顺序，也就是组织思考的流程。只有掌握了如何编制思考的流程，才能说是真正掌握了六顶思考帽法的应用方法，不然往往会让人感觉这个工具并不实用。

在团队应用中，最大的应用情境是会议，这里特别是指讨论性质的会议，因为这类会议是真正的思维和观点碰撞、对接的平台，而我们在这类会议中难以达成一致，往往不是因为某些外在技巧的不足，而是从根本上对他人观点的不认同。六顶思考帽法就成为特别有效的沟通框架，所有人都在蓝帽的指引下按照框架的体系进行思考和发言。这样不仅可以有效避免冲突，而且可以就一个话题讨论得更加充分和透彻。六顶思考帽法不仅可以压缩会议时间，而且可以加强讨论的深度。下面是六顶思考帽法在会议中应用的一般步骤：

1. 陈述问题（白帽）；
2. 提出解决问题的方案（绿帽）；
3. 评估该方案的优点（黄帽）；

4. 列举该方案的缺点（黑帽）；

5. 对该方案进行直觉判断（红帽）；

6. 总结陈述，做出决策（蓝帽）。

三、头脑风暴法：一种激发团队创新的有效决策方法

头脑风暴法（Brain Storming）由美国 BBDO 广告公司的奥斯本首创，该方法主要由价值工程工作小组人员在融洽和不受任何限制的气氛中以会议形式进行讨论、座谈，打破常规，积极思考，畅所欲言，充分发表看法。

在群体决策中，由于群体成员心理的相互影响，易屈服于权威或大多数人的意见，形成所谓的"群体思维"。"群体思维"削弱了群体的批判精神和创造力，影响了决策的质量。为了保证群体决策的创造性，提高决策质量，管理上发展了一系列改善群体决策的方法，头脑风暴法是较为典型的一个，其操作程序如下。

1. 准备阶段

策划与设计的负责人应事先对所议问题进行一定的研究，弄清问题的实质，找到问题的关键，设定解决问题所要达到的目标。同时选定与会人员，一般以 5～10 人为宜。然后将会议的时间、地点、所要解决的问题、可供参考的资料和设想、需要达到的目标等事宜一并提前通知与会人员，让大家做好充分的准备。

2. 热身阶段

这个阶段的目的是创造一种自由、宽松、祥和的氛围，使大家进入一种无拘无束的状态。主持人宣布开会后，先说明会议的规则，然后和大家交流一点有趣的话题，让大家的思维处于轻松、活跃的状态。如果所提问题与会议主题有着某种联系，人们便会轻松自如地进入会议议题，效果自然更好。

3. 明确问题

主持人扼要地介绍有待解决的问题。介绍时须简洁、明确，不可过分周全，否则，过多的信息会限制人的思维，干扰思维创新。

4. 重新表述问题

经过一段时间的讨论后，大家对问题已经有了较深的理解。这时，为了使大家对问题的表述能够具有新角度、新思维，主持人或书记员要记录大家的发言，并对发言记录进行整理。通过对记录的整理和归纳，找出富有创意的见解，以及具有启发性的表述，供下一步畅谈时参考。

5. 畅谈阶段

畅谈是头脑风暴法的创意阶段。为了使大家能够畅所欲言，需要制订如下规则：第一，

不要私下交谈，以免分散注意力；第二，不妨碍他人发言，不去评论他人发言，每人只谈自己的想法；第三，发表见解时要简单明了，发言一次只谈一种见解。主持人首先要向大家宣布这些规则，随后引导大家自由发言、自由想象、自由发挥，使彼此相互启发、相互补充，真正做到知无不言、言无不尽，然后将会议发言记录进行整理。

6. 筛选阶段

会议结束后的一两天内，主持人应向与会者了解大家会后的新想法和新思路，以此补充会议记录。然后将大家的想法整理成若干方案，再根据相关标准进行筛选。经过多次反复比较和优中择优，最后确定1~3个最佳方案。这些最佳方案往往是多种创意的组合，是大家的集体智慧综合作用的结果。

头脑风暴法的正确运用，可以有效地发挥集体的智慧，比一个人的设想更富有创意。

四、5W2H分析法：一种调查研究和思考问题的有效办法

5W2H分析法又叫七问分析法，它的特点是简单、方便，易于理解、使用，富有启发意义，广泛用于企业管理和技术活动，对于决策和执行性的活动措施也非常有帮助，也有助于弥补考虑问题时的疏漏。

5W2H分析法用五个以W开头的英语单词和两个以H开头的英语单词进行设问，发现解决问题的线索，寻找发明思路，进行设计构思，从而搞出新的发明项目。

What——是什么？目的是什么？做什么工作？

Why——为什么要做？可不可以不做？有没有替代方案？

Who——谁？由谁来做？

When——何时？什么时间做？什么时机最适宜？

Where——何处？在哪里做？

How ——怎么做？如何提高效率？如何实施？方法是什么？

How Much——多少？做到什么程度？数量如何？质量水平如何？费用产出如何？

例如，检查智慧教室设计方案的项目合理性，主要包括以下七个步骤。

步骤1：做什么（What）？

条件是什么？哪一部分工作要做？目的是什么？重点是什么？与什么有关系？功能是什么？规范是什么？工作对象是什么？

步骤2：怎样（How）？

怎样做省力？怎样做最快？怎样做效率最高？怎样改进？怎样得到？怎样避免失败？怎样达到授课效率？怎样才能使环境更加美观大方？怎样使用起来方便？

步骤3：为什么（Why）？

为什么采用这个技术？为什么不能有回声？为什么停用？为什么主要采用绿色？为什么要做成这个形状？为什么采用机器人代替人力？为什么记录数据要经过这么多环节？为什么非做不可？

步骤4：何时（When）？

何时完成？何时安装？何时培训？何时是最佳自学时间？何时容易疲劳？何时学习效率最高？何时完成最好？

步骤5：何地（Where）？

何地最适宜摆放某物？何处进行讨论最适合？从何处提供在线直充服务？哪里可以作为学习活动的替代地点？安装在什么地方最合适？何地有资源需要经常访问？

步骤6：谁（Who）？

谁来负责最方便？谁会提供在线服务？谁可以参与决策？谁是智慧课堂应用的主体？谁被忽略了？谁是决策人？谁会受益？

步骤7：多少（How Much）？

适合多少学生？成本估算是多少？效率有多高？尺寸是多少？重量是多少？

如果现行的做法或项目经过七个问题的审核已无懈可击，便可认为这一做法或项目可取。如果七个问题中有一个答复不能令人满意，则表示这方面有改进余地。如果哪方面的答复有独创的优点，则可以扩大项目在这方面的效用。

五、决策树分析法：现代管理决策者常用的有效工具

决策树分析法一般都是自上而下生成的。每个决策或事件（即自然状态）都可能引出两个或多个事件，导致不同的结果，把这种决策分支画成图形，很像一棵树的枝干，故称决策树，如图7-2所示。

从根到叶子节点都有一条路径，这条路径就是一条"规则"。决策树可以是二叉的，也可以是多叉的。决策树分析法是管理人员和决策分析人员经常采用的一种行之有效的决策工具。它具有以下优点：

1. 决策树展示了决策问题的全部可行方案和可能出现的各种自然状态，以及各可行方案在各种不同状态下的期望值；

2. 能直观地显示整个决策问题在时间和决策顺序的不同阶段的决策过程；

3. 在应用于复杂的多阶段决策时，阶段明显，层次清楚，便于决策机构集体研究，可以周密地思考各种因素，有利于做出正确的决策。

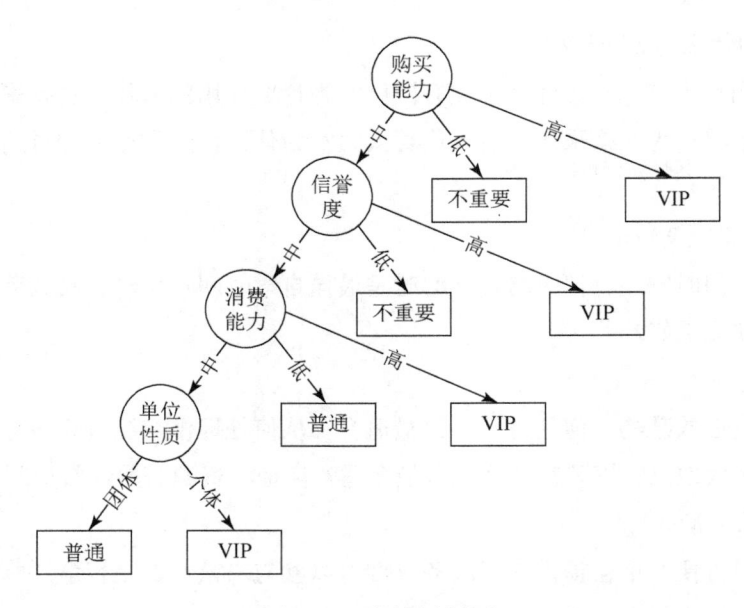

图 7-2 决策树例图

问题三：如何建设大数据驱动的智慧校园？

在数字校园和智慧校园的发展过程中，越来越强调大数据对提高学校教育教学质量的支撑作用，特别是对于学校教育评估和教育决策的作用和价值，这是学校科学评估和决策的有力手段，具体表现为以下两点。

第一，教育评估。教育评估是指根据一定的目的和标准，通过系统地收集学校及其他教育机构的各方面的信息，采用科学的态度和方法，对教育工作中的活动、人员、管理和条件的状态与绩效，进行质和量的价值判断，准确地了解教育活动的实际情况，对学校办学水平和教育质量进行评估，从而为学校开展教育改革提供可靠的依据。

第二，教育决策。教育决策是指为了达到教育的某个或若干个目的，而对教育未来实践的方向、目标、原则和方法所做的决定，或对教育实践方案的选择。科学决策、民主决策是教育决策过程的基本诉求。

因此，大数据驱动的智慧校园需要对教育评估和教育决策进行全面支持。要建设大数据驱动的智慧校园需建设以下三种系统。

一、决策支持系统

当前，比较成熟的经典数据库技术是结构化的数据查询语言，在设计的时候没有将非结构化数据纳入其中，也就是以往的计算机只能处理结构化的数据。同时，传统的系统无法对 TB 级的数据进行处理，更不能对高级别数据分析有所支持。大数据时代为决策支持系统的发展带来了革新和机遇，在系统定位、系统安全性、信息检索能力、决策方式和数据处理能力等诸多方面形成新的发展态势。

与单项决策支持系统相比，企业级的决策支持系统在对全局性的事项进行预测的时候，其准确性和实时性要求是非常高的。在大数据时代，可以对结构化和非结构化的实时数据和历史数据进行分析，尤其是那些具有隐藏性的数据，可以以在线收集的方式来开展即时性的分析，这样可以为企业决策提供全局性支持。

二、数据仓库系统

数据仓库是一个面向主题的、集成的、相对稳定的、反映历史变化的数据集合，用于支持管理决策。数据仓库是一个过程，而不是一个项目；数据仓库是一个环境，而不是一件产品。数据仓库提供用户用于决策支持的当前数据和历史数据，这些数据在传统的操作型数据库中很难或不能得到。数据仓库技术是指为有效地把操作型数据集成到统一的环境中以提供决策型数据访问的各种技术和模块的总称。所做的一切都是为了让用户更快、更方便地查询所需要的信息，为其提供决策支持。数据仓库具有以下特点。

1. 主题导向。操作型数据库的数据组织是面向事务处理任务，各个业务系统之间相互独立、分离，而数据仓库中的数据是按照一定的主题域进行组织的。

2. 集成性。数据仓库中的数据是在对原有分散的数据库数据抽取、清理的基础上经过系统加工、汇总和整理得到的，必须消除原数据中的不一致性，以保证数据仓库内的信息是关于整个企业的一致的全局信息。

3. 不变动性。数据仓库的数据主要供决策分析之用，所涉及的数据操作主要是数据查询，一旦某个数据进入数据仓库以后，一般情况下将被长期保存，也就是数据仓库中一般有大量的查询操作，但修改和删除操作很少，通常只需要定期加载、刷新。

4. 时间差异性。数据仓库中的数据通常包含历史信息，系统记录了从过去某一时点（如开始应用数据仓库的时间）到目前各个阶段的信息，通过这些信息，可以对学校的发展历程和未来趋势做出定量分析和预测。

三、商业智能系统

商业智能（BI）涉及信息搜索、管理和分析，目的是使企业决策者获得知识，促使他们做出对企业更加有力的决策。商业智能不是一种独立的技术，而是一套完整的解决方案。它将数据仓库、联机分析、数据挖掘和可视化等技术结合，应用于业务活动，使企业的复杂信息转化为可供辅助的知识，最后将知识呈现给用户，以支持企业决策。

大数据背景下的商业智能（BI）数据收集方法主要包括三类：系统日志收集、网络数据收集和数据接口收集。日志数据的采集是通过设备中的日志记录子系统实现的，这个子系统能够在必要的时候生成日志消息。常用的商用数据都支持数据信息获取。网络数据采集主要采用网络爬虫技术，其核心原则是使用超文本传输协议仿真浏览器通过统一资源定位器地址访问 Web 服务器，获取 Web 服务器的权限，返回到原始页面并解析数据。传统的网络爬虫技术可能存在问题，因此为获取 Web 资源而设计的聚焦爬虫技术应运而生。聚焦爬虫有选择地访问因特网上与网页相关的链接，以基于已建立的爬行目标（比如使用某电商销售主题）获得他们所需的信息。聚焦爬虫并不追求网页的全面覆盖，相反，它针对与特定主题相关的网页，并为面向主题的用户查询准备数据资源。

问题四：大数据在智慧校园建设中的具体应用如何？

智慧校园建设涵盖教学环境、教学资源、校园管理、校园服务、信息安全体系等各个方面，每一层面都涉及数据统计和分析，借助大数据储存量大、信息量多、处理速度高等优势，可以为智慧校园建设中各项自动化工作提供支持，为学校未来的发展决策提供科学依据。大数据技术在智慧校园中的具体应用包括以下几个方面。

一、构建公共数据集成与共享平台，提高校内信息传递速度

大数据技术能够将学校管理和发展中涉及的各项数据进行深度挖掘并加以处理，同时在云计算技术的帮助下，将分析结果共享给全校师生。通过构建集成公共数据共享平台，可以加快校内信息传递速度，促进各部门之间的沟通交流，有利于打破高校内部信息孤岛格局，增强全校人员参与智慧校园建设的积极性，有助于更好地实现高校可持续发展目标。此外，大数据技术在高校科研管理方面也起到了相当大的作用。借助信息共享平台，科研部门可以及时获得相关资源和信息，可以分享最新研究成果，促进学术交流。

二、构建智能化提醒平台，适时对学生进行提醒

智能提醒是指利用云计算与大数据技术，对学生在学校中的学习情况和生活状况等各相关信息进行收集和分析，通过智能平台及时向学生发出提醒。目前智能提醒平台设置有成绩管控提醒、实习就业提醒及学风智能提醒，通过对学生各项考试成绩、出勤率等进行统计分析并适时加以提醒，可以有效地提高学校的管理水平和服务质量。

三、创设智能学习环境，改进课堂教学方式

运用大数据和云计算技术开发出的网络教学平台，为各学科提供了优质的教学资源，丰富了教学内容，改进了传统教学模式。学生可以通过电子设备随时随地查看教学内容，可以自主选择感兴趣的知识，有问题时可以通过在线反馈获取帮助。云课堂中，教师采取

随测随交的方式对学生进行随堂测试，能够使学生用心听课。大数据技术的迅猛发展促进了教学理念和教学方式的信息化转变，使学习环境更加人性化、智能化，使课堂氛围更加活跃，极大地提升了教学质量。

四、采集、分析、处理海量数据，为学校管理提供决策支持

通过大数据、云计算等技术对学校财务信息进行采集分析，可以清晰展现各项收入、支出情况，为学校财务决策提供数据支持；通过对学生学习成绩、就业方向和实习情况进行分析，可以了解人才市场需求，使学校能够及时加强学科专业建设、优化课程内容，提升学生专业能力，提高就业竞争力；通过大数据技术对历年招生情况进行分析，可以制订合理的招生计划，统计教职员工数量及比例情况，优化师资结构。

本章内容小结

本章我们学习了提升校长决策能力的五大方法（知识检查点7-1），掌握了SWOT分析方法（能力里程碑7-1）。了解了大数据驱动的智慧校园系统建设的关键（知识检查点7-2），掌握了大数据技术在智慧校园的具体应用（能力里程碑7-2）。

本章思维导图如图7-3所示。

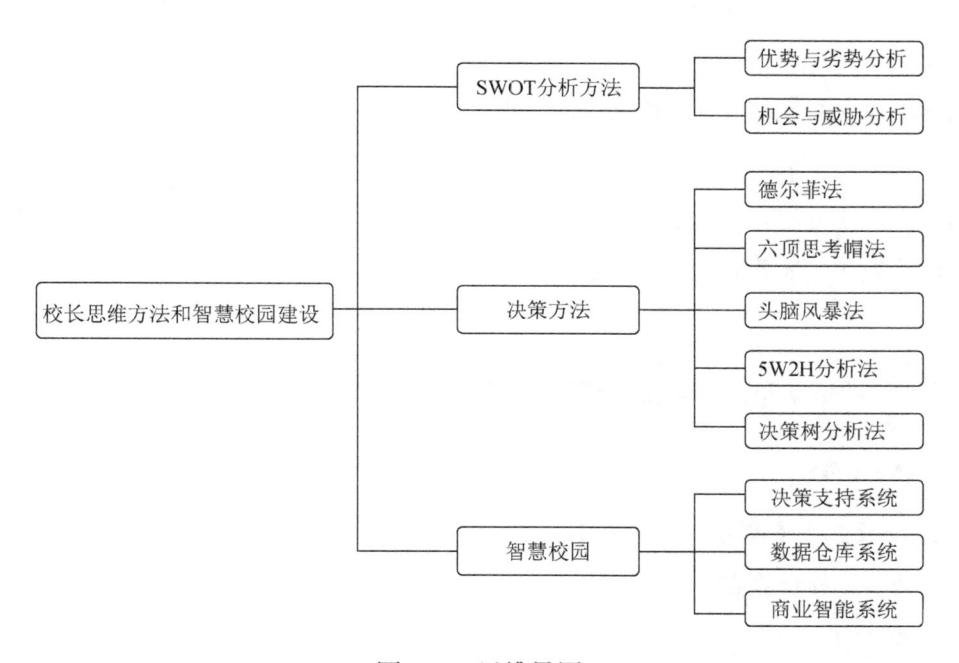

图7-3 思维导图

自主活动：提高决策科学性的方法

一、自我反思

请学习者在学习完本章内容后，依据本章学习目标和核心问题，结合本章内容小结来进行自我反思，并建立"个人自我反思.doc"，书写本章自我反思的具体情况，在书写的过程中和书写结束后保存该文件。

二、书写学习心得

请学习者再建立"个人学习心得.doc"，结合本章学习内容和自我反思来书写本章学习心得，在书写的过程中和书写结束后保存该文件。

三、检查评价活动完成情况

请学习者在完成评价活动后，检查评价活动的完成情况。

小组活动：交流学校内大数据应用状况

请学习者以小组为单位完成本章内容的学习。在本章内容学习完毕后，每个学习小组建立"小组合作学习记录.doc"，并书写小组学习心得，在书写的过程中和书写结束后保存该文件。

请每个小组和小组成员分享本章的"小组合作学习记录.doc"，并根据小组成员的建议修正小组学习记录，完善"小组合作学习记录.doc"。

请每个小组的学习成员围绕本章的学习主题进行讨论和交流，并将小组合作学习的成功之处和改进方法记录为"小组主题学习记录.doc"。

评价活动：评价本章知识与能力学习水平

一、名词解释

SWOT 分析方法（能力里程碑 7-1）

智慧校园（知识检查点 7-2）

二、简述题

1. 结合校园实际情况，您认为现在校园内大数据技术应用情况如何？哪些地方需要改进（能力里程碑 7-2）？

2.展望未来，结合本章所学知识，您认为建设智慧校园的关键是什么（知识检查点7-2）？

三、实践项目

请回顾，在实际教学工作中，是否遇到过决策瓶颈？请书写一个文档，运用本章所学的SWOT分析方法来处理该决策瓶颈（能力里程碑7-1）。

第八章 未来学校创新探索之路

本章学习目标

在本章的学习中，要努力达到如下目标：
- ◆ 了解未来学校的建设方向（知识检查点 8-1）。
- ◆ 了解未来学校的概念框架（知识检查点 8-2）。
- ◆ 了解未来学校的应用案例（知识检查点 8-3）。
- ◆ 掌握未来学校的定义、特征、常见误区及发展方向（能力里程碑 8-1）。
- ◆ 掌握未来学校的设计特征（能力里程碑 8-2）。

本章核心问题

怎样理解未来学校？未来学校的特征、常见误区及发展方向是什么？未来学校建设的方向有哪些？

本章内容结构

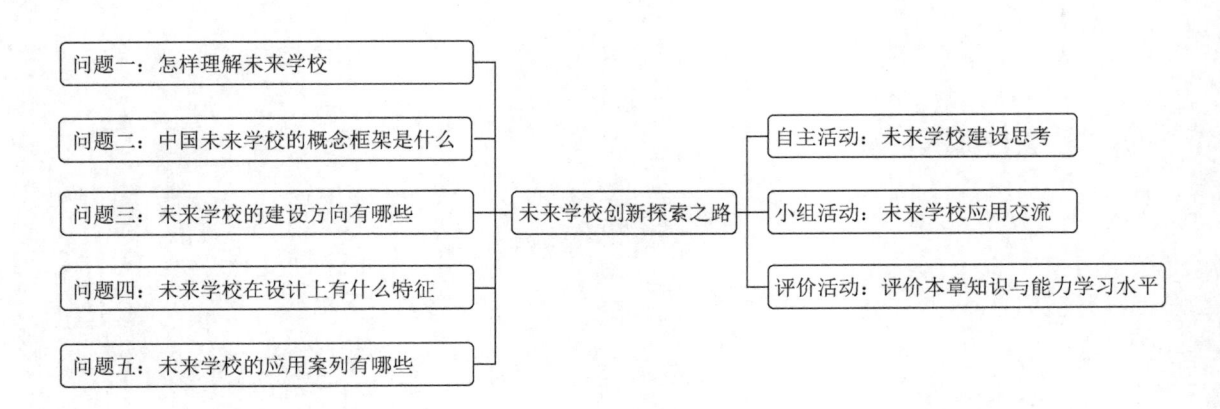

未来学校创新探索之路	
问题一：怎样理解未来学校	
问题二：中国未来学校的概念框架是什么	自主活动：未来学校建设思考
问题三：未来学校的建设方向有哪些	小组活动：未来学校应用交流
问题四：未来学校在设计上有什么特征	评价活动：评价本章知识与能力学习水平
问题五：未来学校的应用案列有哪些	

引言

未来已来，智者同行。未来学校是教育领域的研究热点，它倡导重新设计学校，通过空间、课程与技术的融合，探索"互联网+"背景下的学校结构性变革。根据学校的历史变迁和国内外相关实践现状，可以总结出未来学校的四个发展趋势：未来的学习空间将从"为集体授课而建"转向"为个性学习而建"；未来的学习方式将突破标准统一的传统教学秩序，允许不同学生在不同的时间学习不同的内容；未来的课程将根据真实问题设置主题，通过跨学科整合，加强知识学习向实践创新的迁移；未来的学校管理将采用弹性学制和扁平化的组织架构，不再拘泥于传统的年级和班级的管理体系。

我们越来越清楚这样一个基本规律：教育的未来发展，环境建设很重要，而应用环境进行教育教学的教师的能力和思维更加重要！未来学校是未来教育发展的方向，它与蓬勃发展的技术是分不开的，也与设计者和管理者的能力和思维密不可分。

问题一：怎样理解未来学校？

严格来讲，"未来学校"不是一个严谨的学术概念。但是，随着越来越多人开始认可并使用这一概念，"未来学校"就成了一个具有独特意义的专有名词。21世纪以来，随着教育改革的不断深化，尤其是"互联网+教育"的兴起，结合人工智能和大数据的深入应用，探索面向未来的新型学校形态成为新的研究热点。近年来，我国教育界也陆续开展了丰富多样的未来学校探索活动。综合已有研究，我们可以这样认为：未来学校是指互联网、人工智能和大数据为代表的技术背景下的学校结构性变革，通过空间、课程与技术的融合，形成个性化的学习支持体系，为每一个学生提供私人定制的教育。

一、未来学校的主要特征

简单地说，未来学校具有以下主要特征。

1. 学习场景相互融通。利用信息技术打破校园的围墙，把一切有利的社会资源引入学校，使学校的课程内容得到极大拓展，学生线上、线下混合学习，学习平台无处不在。

2. 学习方式灵活、多元。把知识学习与社会实践、社区服务、参观考察、研学旅行等结合起来，将正式学习与非正式学习融为一体。

3. 学校组织富有弹性。鼓励学生自主管理，增加家长和社区在学校决策中的参与度，根据学生的能力而非年龄来组织学习，利用大数据技术让教育变得更加智慧，让学生站在教育的正中央。

二、对未来学校理解的常见误区

1. 未来学校不是对现代学校的全盘否定

随着未来学校的兴起，有人把它视为解决传统教育弊端的灵丹妙药，彻底否定今日学校的优势与价值，似乎"未来的"全是好的，"现代的"和"传统的"全是坏的。实际上，未来学校不是推倒重来，更不是横空出世，而是在传承的基础上不断完善。

我们倡导的未来学校，里面既有杜威教育哲学的影子，也有陶行知"教、学、做合一"的方法论基础，更大力吸取了现代学校注重系统性教学的精髓。从这种意义上讲，未来学校是对传统学校的"改良"，而非"革命"，未来学校是在今日学校基础上往前走的一小步。

2. 未来学校不是纯粹的教育信息化

未来学校离不开信息化，但只有信息化也不是未来学校。作为一项系统性改革，未来学校的建设涉及方方面面，包括学习方式、课程结构、组织形态等方面的变革，信息化是撬动这些变革的支点，但不是未来学校的全部，更不是未来学校的目的。未来学校的最终目的是构建一种新的教育生态，打破整齐划一的工业化教育形态，创造符合学生需求的个性化教育。

3. 未来学校不是追求高端豪华的学校

随着教育投入的不断增加，学校可支配的财力物力显著提升，很多学校把未来学校的建设重点放在软硬件设施上，引入各种高端的教育装备，修建豪华的创客空间，不断刷新学校建设的奢华程度。甚至有的地方把未来学校当作政绩工程，不惜重金打造豪华校园，忽略了课程体系、教学质量等软实力的提升，最终导致未来学校成为披着华丽外衣的教育工厂。

如果教育理念不更新、教学方式不改变，仍然以工业流水线形式批量生产学生，即使硬件再高端、校园再气派，也不能算是未来学校。与气派的教学楼相比，学校应该把更多精力放在教育转型上，通过空间、课程、学习方式和组织管理方式的协同创新，最大限度地满足学生的个性化需求，这才是未来学校的核心。

三、未来学校的发展方向

1. 学习空间再造：灵活、智慧、可重组

学习空间与学校的育人功能直接相关。长期以来，学校的学习空间一直延续着工业时代的设计标准。最为常见的场景是：学校由一间间一模一样的教室组成，每间教室摆满整整齐齐的桌椅，学生规规矩矩地坐着听老师讲课。这种标准化的教室就是为了满足标准化的教学。为了更好地支持个性化学习和多样化教学活动的开展，未来学

校的学习空间将从"为集体授课而建"逐渐转向"为个性学习而建",并呈现出一些新的发展方向。

第一,灵活。创新教室布局,配备可移动、易于变换的桌椅设施,支持教师开展多样化的教学活动。

第二,智慧。打造数字化学习社区,利用大数据、云计算、物联网等新技术,搜集学生学习的过程信息,评估学生的学习特征与优势潜能,为每一位学生提供定制化的"学习体检表",帮助学生研制出个性化的学习方案。

第三,可重组。扩展学校的公共空间,打破固定功能的设计思维,促进学习区、活动区、休息区等空间资源的相互转化,把非正式学习纳入学校教育的重要议程,给学生提供更多的活动与交往空间,促进学生的社会性发展,弥合正式学习与非正式学习之间的界限。

2. 学习方式变革：主动、深度、无边界

学习方式变革是未来学校的关键。传统的学习是固定的学生在固定的时间学习固定的内容,并试图让所有学生的学习达到统一标准；未来的学习将突破这种标准、统一的教学秩序,允许不同的学生在不同的时间学习不同的内容,帮助他们达到自己所能达到的最高水平。

学校具有鲜明的时代性,每个时代的学校都带有那个时代的特征。随着"互联网+"时代的全面到来,新的时代必然会塑造出新的学校形态。在这个变革的时代,教育需要改变,也需要坚守。学校既要主动对接时代需求,积极探索"互联网+教育"的变革路径,促进信息技术与教育教学的全面深度融合,又要坚守教育的本质,回归教育的本源。把更多的选择权交给学生,把更多的创造权交给教师,把更多的办学权交给学校,让未来学校真正成为学习的乐园,而非教育的工厂。

问题二：中国未来学校的概念框架是什么？

中国教育科学院未来学校实验室发布的《中国未来学校2.0：概念框架》对未来学校的核心概念进行了重新审视,以"重新定义学校、重新认识学习、重新理解课堂、重新构建学习路径"引导未来教育走向,重新认识学习。

一、重新定义学校

《中国未来学校2.0：概念框架》首先对中国特色未来学校的基本内涵与发展导向进行了界定：一是从性质上界定了未来学校的"中国特色",强调了德育现代化和教育产出的现代化,明确了教育的本质问题是育人与服务经济社会；二是从时间上界定了中国特色学校的"未来维度",从未来学校的价值特征、行动特征和技术特征三个方面明确了未来

学校的发展方向；三是从空间上界定了中国特色未来学校的全球化维度，以人类命运共同体的视角和扎根中国大地办教育的文化自信，明确了未来教育的本质和作用——不忘本来、吸收外来、面向未来。

二、重新认识学习

从未来学校的时间特质来看，未来学习是坚守传承、盘活积淀的学习，坚守本源才能更好地展望未来；未来学习是重组课时、突破时限的学习，是从"学习知识"到"学会学习"的转变。

从未来学校的空间特质来看，未来学习可以从物理空间和虚拟空间来分析。对于前者，可以从学习环境的改造去认识；对于后者，可以从基于网络资源的科学运用去认识。未来学习一定是利用虚拟网络空间、虚拟现实空间以及物理空间相结合的学习，是突破传统学习空间的学习。

从未来学校的科学特质来看，未来学习可以从人的心理与身体两个层面进行分析，强调未来学习是以心理科学和脑科学为支持的学习。

三、重新理解课堂

《中国未来学校2.0：概念框架》认为，未来课堂是学生生命成长的精神家园，是突破时空的立体、多元学习场，是信息技术助力教育教学的时间场域，是学习要素高度集中的活动社区。

未来课堂不仅要致力于培养学生的创新精神和实践能力，还要着眼于提高学生的生活本领和生存技能。为此，未来课堂一方面要营造沉浸式的学习环境，教室内部空间要改变排排坐的固有方式，要可移动、可重组，要通过色彩和空间营造沉浸式学习氛围，并将绿色、环保理念融入其中，让教室成为一种教学资源。另一方面要重新认识课堂，面向未来，课堂不应该局限于教室内部，发生在任何时间、任何场所的所有教育教学活动都可以称之为课堂，要打造"学校—家庭—社会"多方位课堂，通过教室内部桌椅之间的连通、不同年级教室间的连通、教室与学校其他空间的连通、课堂与大自然的连通以及课堂和社区社会的连通，让课堂成为立体、多元的学习场。

同时，《中国未来学校2.0：概念框架》还认为，未来课堂的品质和效益得益于信息技术的有力支撑，应该实现信息技术与教育教学的深度融合。这样一个联合教室内外空间、囊括线上线下混合学习活动的课堂，不仅是学生学习知识的场所，也是他们交往和社会化的重要场所。所以，未来课堂会成为学生交往和社会化的重要空间，在这个学习场中所有的要素都能实现自由流转与良性互动。

四、重新构建学习路径

《中国未来学校2.0：概念框架》提出，未来学习将会变革传统教学理念，重构学习路径。明确了学习路径重构的三种模式。

1. 新技术支持的学习路径重构

不管是利用学生画像来感知学习状态，还是基于学生特征推送适配的学习资源，抑或是利用大数据对学习进行多元综合评价，都是从学生的视角出发，利用学习分析技术，设计学习服务的个性推送方案和差异教学策略，开展多元化教学评价，探索不同信息技术条件下的个别化教学操作模式，促进技术与教学的深度融合，实现"尊重差异、发现差异、利用差异、发展个性"的课堂变革。

2. 差异化学习方案助推的学习路径重构

差异化学习方案一方面来自多元的课程资源，它为不同的学生提供不同的学习方案；另一方面来自多样的课程实施，借助教学理念、教学方式、教学结构的转型，实现路径跨越式升级。

3. 教育生态圈承载的学习路径重构

学校应该成为一个开放的组织系统，要建立与真实世界的联系，充分利用外部社会资源开展教育，要根据真实问题进行跨场域学习，根据个性需求打造健康教育生态圈。

问题三：未来学校的建设方向有哪些？

一、朱永新：未来学校的15个变革可能

1. 学校会成为学习共同体，不再是以一个个孤立的学校存在；
2. 开学和毕业没有固定的时间；
3. 学习的时间弹性化；
4. 教师的来源和角色多样化；
5. 政府买单和学生付费并存；
6. 学习机构一体化，学校主体机构与网络教育全面互通；
7. 网络学习更加重要；
8. 游戏在学习中发挥更加重要的作用；
9. 学习内容个性化、定制化；
10. 学习中心小规模化；
11. 文凭的重要性被课程证书取代；
12. 考试评价从鉴别走向诊断；

13. 家校合作共育；
14. 课程指向生命与真善美；
15. 幸福完整的教育生活。

二、余胜泉：未来学校如何构建社会化的教育公共服务

互联网不可能取代学校，但是并不意味着学校永远不会变化；互联网不可能取代学校，但是可以改变学校的基因。"互联网＋教育"就是教育的"转基因"工程，这就意味着这个学校运作的基本规则都会发生变化，运作的流程、模式都会发生变化。

中国的教育还处在流水线时代。要反思我们传统教育中的经典假设，传统的教育认为，教育必须将孩子集中到一个叫学校的地方，让他们在固定的时间学习，采用基于年龄、学科的学生组织方式，采用相同的教学方式讲授同一学习内容。而 21 世纪中后期将出现从根本上进行重新设计的学校，它们将展示一系列重组教育的可行性，这其中包括学校根据学生的能力，而非根据时间或其他因素来组织学习，为学生提供更灵活的课程安排，而不是按照传统的学期或者固定的课程节奏来组织。

我们要建立虚实结合的智慧教育生态，今后我们的学校是实体空间和虚拟空间结合在一起的，我们育人的空间不仅仅是学校的实体空间，还包括网上的虚拟空间。学生在实体空间接触教师、接触家长、接触同伴，在虚拟空间接触更个性化的教育服务、更有价值的学习工具等。学生在这种虚实结合的生态圈中，彼此之间、与教师之间、与家长之间以及与社会专业人士之间存在着多种多样的互动关系。学生的主体地位凸显，使学习内容的来源、学习方式发生了根本性变革，每个人既是知识的生产者，也是知识的消费者。学校和教育机构不是封闭的社会单元，而是通过网络汇聚作用，形成个体智慧聚变的节点，是一个充满活力、人性化和高度社会化的地方。学习也不仅仅发生在学校和教室里，而是终身的、全面的。

"今天的教育和老师不生活在未来，未来的学生将会生活在过去。"这句话值得每一位教育工作者作为座右铭，这就是"互联网＋"时代未来学校面对信息时代的变革，如果我们视而不见的话，未来的学生将会生活在过去。

三、张治：未来教育与未来学校的 13 种新图景

上海市电化教育馆馆长、中国教育技术协会创客教育专业委员会主任张治撰写的《走进学校 3.0 时代》一书中，以哲学的视角，站在信息社会和智能时代的背景下剖析学校进化的演进规律，提出学校将进入 3.0 时代的科学论断，并大胆预测未来教育和未来学校 3.0 时代的十三个新图景：

1. 每一位学生都有一个数字画像；
2. 每一位教师都有一个人工智能助手；

3. 每一门课程都有知识图谱；
4. 每一项教学业务都可能外包；
5. 每一所学校都是虚拟学校的组成部分；
6. 每一种学习都会被记载；
7. 每个人的作业都是不一样的；
8. 每个人的学程都是定制的；
9. 每一种学习方式都会被尊重；
10. 每一场教育都注重协作共生；
11. 每一个家庭都是独特的教育场；
12. 每一种教育装备都趋向智能化；
13. 每一所学校都被隐性课程环抱。

四、田雪松：教育大数据助力未来学校变革

未来学校是一所以数据为基础的学校，数据可能成为每一所学校的根基，学校的组织管理将虚拟化、网络化、智能化、扁平化，各种设备实现智能化的运维，学校的业务管理与教学管理相连通。随着物联感知、视频录制、图像识别、日志记录等数据采集技术的发展，教育大数据的采集变得越来越全面化、动态化、自然化和持续化。教育大数据与智能机器人、计算机视觉、全息技术、区块链等技术的结合，有可能颠覆现有教育业务模式，助力未来学校变革。

智能机器人技术目前已经在物流领域、医学领域、军事领域等得到广泛应用。智能机器人技术在教育领域同样拥有很大的应用潜能。未来，智能机器人将走进学校，在学校的教学与管理等方面发挥巨大作用。

目前，计算机视觉技术已经在众多的领域中得到了广泛应用，其中包括工业生产、农业生产、社会公共安全、视觉导航、人机交互、虚拟现实、卫星遥感等领域。同样，未来计算机视觉技术在学校的教学与管理等方面也将大有用武之地。

全息技术目前在全息显示、全息计量、全息防伪等领域已经有了广泛应用，全息技术未来在教育领域中同样拥有很大的应用潜能。

区块链技术被视为继云计算、物联网、大数据之后的又一项颠覆性技术，受到各国政府、金融机构以及科技企业的高度关注。区块链技术作为比特币的底层技术，不仅在金融等领域得到日益广泛的应用，在教育领域同样具有较大的应用潜力。

问题四：未来学校在设计上有什么特征？

对于现代社会，除了家庭教育以外，学校教育也对儿童的身心和智育发展起到至关重

要的作用。它应不仅满足于基础知识的学习，还需要为儿童的性格塑造、体能训练创造良好条件，并为此奠定坚实的基础。

对于感染性强和发育迅速的儿童来说，他们的学校教育空间，除了一间间最基本的教室之外，还应有丰富的交流空间、游戏空间、劳作空间等，并创造富有生活情趣的室内外环境，以激发儿童自主思考，培养儿童友善的人际关系、坚韧的性格等，并在游戏中辅助知识的吸收和运用。同时，校园中需要有充足的户外活动场所，使他们的体能得到足够锻炼而茁壮成长，并使他们充分接触自然，从中观察生命的奥秘，为将来承担所需的使命打下良好基础。

一、具有满足各种学习活动的学习空间

这种教学体系是以适应学生的爱好、兴趣、特点，满足每一位学生的学习欲望为基础建立起来的。新型学校的学习环境中配备有教材、教具，甚至连计算机这样的设备也可供学生随时方便地使用。也就是说，在日常活动中，学校环境处处可以激发学生的学习热情。

在设计上，空间的连续与贯通相当重要。学习小组可大可小，与之相对应的学习空间大小划分的灵活性尤为重要，而且对大小空间的转化速度要求顺畅，这就是开放空间、灵活空间在新型学习中出现的必然性的结果。

二、具有创造生活情趣的学校环境

传统的学校建筑是站在"教育者"施教的立场上建立起来的，无论是空间构成、场所大小，还是室内外的一切设施，都优先考虑教师开展教育活动之需。未来学校建筑为满足"学生"开展学习活动而创造，学生在校期间除正常学习活动外，休息、游戏、交往等都是正常的活动内容，而且这些活动对学生的成长及未来生活都将产生重要的作用。

把学校作为具有生活情趣的环境进行设计，是未来学校建筑的一个重要方面。

三、具有面向社区的开放场所

未来学校使得学校与社区互成一体，面向社区"学生"开放，把那些以学习为目的的社区居民与学生放在同等地位，学校不单是在校学生的专用领地，凡是希望参与学校学习的社区成员都可以像在校生一样参与学习活动。对在校学生而言，社区也是学校的一部分。

1. 与社区互动的开放式学校

将学校设施向家庭和社区开放，将原来封闭的学校变成一个学习共同体，学校积极为家庭和社区服务，同时学校也可广泛利用家庭和社区的学习资源。学校成为学习型社区的学习中心，成为社区成员的再教育场所。同时，除了向社区"学生"开放以外，新学校还

应成为社区文化交流、福利及体育活动的据点，成为增强社区凝聚力的核心。学校向社区开放，本身对在校学生的学习生活以及增进家长与孩子之间的相互理解都将起到有益作用。

2. 与社区互动的学校建筑设计方法

第一步，教师、学生及社区成员参与设计过程。

学校的功能已不仅仅局限于为在校学生提供学习空间，还有为当地的社区成员提供业余教育的功能。这就要求这些学校的部分或公用建筑空间具备多功能的特点。因此，在设计的过程中，有必要请投资方、教师、学生及社区成员共同参与到设计的过程中来。

第二步，整体平面布局实现与社区的有效通达。

开放式学校的设计从总平面设计时就应该考虑在社区中的位置及对社区的影响，还要考虑哪些设施可以向社区开放，及这些设施对总平面布局产生的影响，应该尽可能满足开放的需要，又能便于学校的管理，而不干扰正常的教学活动。安全问题应该成为学校设计的一个重要方面。在校园的总体规划中，既要体现开放的思想，满足学生活泼、开放的天性以及社区的使用要求，还要兼顾安全措施，这给校园规划提出了新的要求。

第三步，学校的建筑设计应考虑如何配合学校的管理。

学校建筑要实现与社区资源共享，必须考虑到建筑设计对学校管理的影响。开放的经营管理模式需要与之对应的建筑设计模式，例如，公共用房靠近社区，设立专供社区及家长的出入口及家长办公室等。

综上所述，向社区开放的小学校的空间层次依次分为城市—社区—街巷—校园—教室。学校的规划要考虑社区居民的行为活动规范，使社区居民、儿童互不干扰。

四、利用现代化教学手段增强学校建筑的性能

近年来，未来学校的研究与实践成了智能建筑的重要组成部分，以追求"学习形式的多样化""开放式教学""学校环境生活化"为目标的智能学校，只有使学校达到智能化，才能最终达到理想的信息化时代的学校标准。

相比传统的学校建筑只是"消极"地去提供一个分割的空间把学生"装"进去，丹麦的新型教育建筑设计理念更强调"用户体验"——强调学生的参与性；强调学生与环境的互动；强调学生与他的同龄人之间的互动。学校不再是枯燥与乏味的象征；孩子不必被动式地被灌输知识，他们可以被带领着去发现知识，去寻找答案，去解决问题，最后去创造；同学与同学之间不必是竞争者，而是团队成员，是要一起完成任务、解决问题的合作者。这便是丹麦的教育理念。

包括丹麦在内的整个北欧设计一向以功能主义传统而著称，强调人性化与个性化，并着眼于注入趣味性的元素。从美学上的考究来看，非常强调采光，这与北欧地区有大半年时间白昼很短的地理特征是分不开的；强调天然材料的运用，在选材上倾向于展示材料原始的、不加修饰的肌理；此外，讲究空间运用的平衡，也就是让室内既不显得太空旷，也不显得太拥挤，从而给学生带来丰富的体验。

因此，从建筑设计的角度来说，通过对空间的安排和对材料的运用，把教育哲学包含到设计里面，或者说通过建筑设计来实践教育理念，强调人性化与个性化，并融入生活的情趣，这样设计出来的学校建筑，才是我们所希望看到的新型未来学校建筑。

问题五：未来学校的应用案例有哪些？

一、瑞典的 Vittra Telefonplan 学校

Vittra Telefonplan 学校的教育理念是释放孩子的天性，让孩子开心学习。基于这一理念，学校主张从学生的兴趣点出发，根据学生的实际能力来设计课程。学校的教学组织也比传统学校的更加灵活，采用的是混龄教学方式，根据学生的学习能力进行分组，把不同年龄的学生放在同一个小组中，进行学习、游戏和生活。

Vittra Telefonplan 学校还将传统的教室变成了开放式学习空间，来为学校的个性化课程和教学组织方式创造前提。教室改造成了"水吧""营地""实验室""洞穴"等新型的学习空间。"洞穴"可供学生自学；"实验室"可供学生进行数学、科学、艺术等学科活动；"营地"则可以用来会面和讨论任务进程；学生还可以在"水吧"里开展社交活动和非正式学习。

Vittra Telefonplan 学校的每一处都可以成为学生们学习的场所，这些空间更加人性化，更具亲和力，提供给学生全新的浸入式体验，帮助他们开展个性化的深层次学习。学习空间和教学组织的创新是该学校的特色，学校突破了传统教室车间式的空间布局，将开放式学习空间应用于实践，探索出一条适用于未来学校的有关学习空间设计的道路。

二、美国的 High Tech High 学校

High Tech High 学校的教育理念是平等、个性化、真实的工作和协作设计。平等指学校教师都在努力改善教育的不平等性，帮助学生充分发挥他们的潜能。个性化指 High Tech High 学校实践以学生为中心的教学方式，通过这样的方式来支持每个学生。真实的工作是指 High Tech High 学校的项目将动手与动脑紧密结合起来，通过跨学科探究，创造出有实际意义且深具美感的作品。协作设计指的是学生和教师共同探索教育、学习、校园文化、项目设计。

High Tech High 学校打破了分学科教育体系，采用跨学科项目式学习方式，鼓励学生根据当地社区所面临的实际问题建立操作性强的特色项目，在解决实际问题的过程中学习知识、掌握知识、提升技能。它打破了固定课堂的局限性，学生走进实验室，走进剧场，

走进琴房或画廊，在亲身体验中探索新知。同时，学生们还会按照自己的风格临摹几幅作品，作为论文的一部分。就这个项目来说，它触及了艺术史、美术练习、历史和社会学等多个学科方面的学习，体现了综合性和跨学科的特性。

课程设置和学生评估这两方面是 High Tech High 学校的创新之处，学校将课程知识的学习融入到学生项目中，对学生的评估也不再靠单薄的期末分数或由老师独立打分，而是以学生的个人档案为基础，综合评估学生在团队活动中的贡献以及期末展示演讲的表现。

三、美国的 AltSchool 学校

AltSchool 学校的教育理念是以学生为中心，为每一个孩子提供个性化的教育。以该教育理念为出发点，学校强调因材施教并鼓励学生追求自己的兴趣。同时，学校为学生提供大量的选修课供学生选择，包括科技、文学、社会实践，甚至是简单的编程课。

AltSchool 学校吸引人眼球的地方在于学校灵活运用了各种技术服务于学生的学习过程。首先是他们的教学管理系统，上面记录着学生一周的专属"学习任务列表"，学习任务列表上大约有 10～25 个任务，这些任务都是按每个学生具体的学习特长量身定制的。在完成列表任务的过程中，网络学习平台会收集学生的学习记录，并结合教师对学生的评价，不断对课程内容和教学进度进行调整。比如，两个学生同时选了一门课程，经过一段时间的学习后，他们在下一个阶段可能会收到两个完全不同的学习任务。技术还会根据学生的学习状态，为他们提供量身定制的学习方案。此外，家长也能看见这些任务列表，并且能全天候实时查看教师的反馈以及课堂的照片。

其次是家校联系网络化，通过实体与虚拟相结合的学习型社区（Learning Community），AltSchool 学校将学校与家庭紧紧地联系在一起。AltSchool 学校还专门研发了 Altvideo（一种课堂视频实录软件），它能够把学生的课堂活动全方位地录制下来，这样既可以供教师客观、准确地评价学生的课堂表现，又方便家长及时了解孩子的学习状况。

AltSchool 学校与其他未来学校的不同之处在于该学校不仅从空间、课程等多方面进行了变革，还在家校联系、学生管理等方面灵活运用技术，对学生的动态进行实时监控，利用机器学习系统对学生的课程学习进行适时调整，此外还利用 Altvideo 给教师和家长提供了解学生学习情况的途径。

四、十一龙樾实验中学

十一龙樾实验中学将学校描述为一座"未来小镇"——开放、好玩、自由、创造。他们希望将学校打造成一所"教育学行动研究学院"，建设成一个开放的"未来小镇"。它没有围墙，你一脚便可以踏进学校的核心地带——教学楼。连接教学楼和社区道路的是用红砖铺就的一块不大不小的空地，那就是学校的"围墙"。学校在这里开展过许多社区调查活动。

学科教室是龙樾实验中学最值得探访的一方教育空间。学科教室的功能更为多样，更具学科特点，各种学习资源被引入教室，为学生的自主学习提供便利。学科教室具有上课、读书、实验、讨论、教研等多种功能，集"讲授区、自学区、研讨区、操作区、仪器区、上网学习区、阅读区、教师工作区"八大功能区域为一体。每一间学科教室就是一个小型图书馆，一个微型实验室，是一个师生可以诗意生活的地方。

　　教室里还有很多值得关注的细节：有不怕被污染和破坏的地面，有高挑的、方便悬挂或带有轨道的天花板，有方便取用的工具和实验设备，有既方便隔离又方便联通的备用间和危险实验品的单独存放间，有方便搬运大型物品时可打开的大型顶门，有水和公共设施的合理接入与带 USB 的方便使用的安全电源，有洗手池、触屏电脑、可移动黑板、可移动大型实验设备，有方便组合、移动的学生课桌椅，有学生作品和专业书籍等收纳柜和展示墙，有开放且无违和感的教师工作和休息区，有彰显学科精神和专业要求的规则、标准和主张……

　　学校还有许多留白的空间，这些空间都将成为课程生长的地方。比如，在植树节，要种什么树，就是与生物学科相结合。校园里的植物不单单起到了绿化作用，还能为学科教学服务。在开学一百天的时候，学校开展了一个主题为"百日反思"的活动，师生一起种了一棵银杏树，他们将其命名为"反思树"，旨在让反思文化植入师生心中。

　　学校的空间设计旨在支撑课程更好地落地。举例来说，知名电视主持人崔永元为学校捐赠了一个电影博物馆。这个开放式的博物馆里存放了崔永元收藏多年的世界各国的电影海报、不同年代的电影杂志和小人书等。于是，这里便有了新的课程，便构成了可以转化为对学生有影响的全新世界。学生可以在这里穿越电影历史，可以与小人书相遇。

　　十一龙樾实验中学将整个学校变成了一座学生成长的博物馆。学校鼓励学生的作业作品化，不同学科产生的有形的学习成果，如摄影作品、陶艺作品、服装设计作品、手工艺品等最终都呈现在不同空间里，精彩展示无处不在。这便是十一龙樾实验中学的"学校+博物馆"模式。

本章内容小结

　　本章我们掌握了未来学校的定义、特征、常见误区及发展趋势（能力里程碑 8-1），明确了未来学校的设计特征（能力里程碑 8-2），了解了未来学校的建设方向（知识检查点 8-1）、概念框架（知识检查点 8-2）和实际应用案例（知识检查点 8-3）。

第八章 未来学校创新探索之路

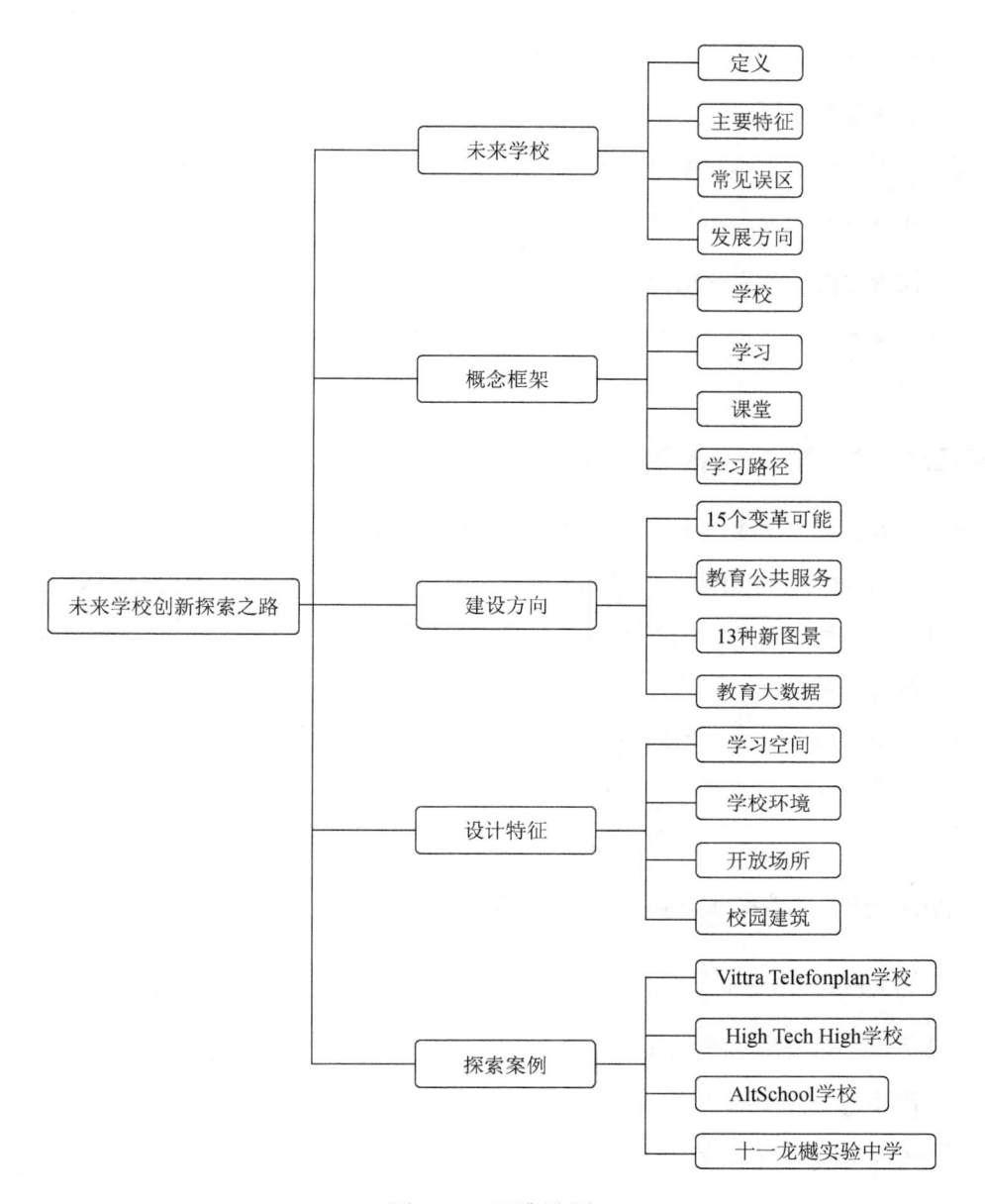

图 8-1 思维导图

```
未来学校创新探索之路
├── 未来学校
│   ├── 定义
│   ├── 主要特征
│   ├── 常见误区
│   └── 发展方向
├── 概念框架
│   ├── 学校
│   ├── 学习
│   ├── 课堂
│   └── 学习路径
├── 建设方向
│   ├── 15个变革可能
│   ├── 教育公共服务
│   ├── 13种新图景
│   └── 教育大数据
├── 设计特征
│   ├── 学习空间
│   ├── 学校环境
│   ├── 开放场所
│   └── 校园建筑
└── 探索案例
    ├── Vittra Telefonplan学校
    ├── High Tech High学校
    ├── AltSchool学校
    └── 十一龙樾实验中学
```

自主活动：未来学校建设思考

一、自我反思

请学习者在学习完本章内容后，依据本章学习目标和核心问题，结合本章内容小结来进行自我反思，并建立"个人自我反思.doc"，书写本章自我反思的具体情况，在书写的过程中和书写结束后保存该文件。

二、书写学习心得

请学习者再建立"个人学习心得.doc",结合本章学习内容和自我反思来书写本章学习心得,在书写的过程中和书写结束后保存该文件。

三、检查评价活动完成情况

请学习者在完成评价活动后,检查评价活动的完成情况。

小组活动：未来学校应用交流

请学习者以小组为单位完成本章内容的学习。在本章内容学习完毕后,每个学习小组建立"小组合作学习记录.doc",并书写小组学习心得,在书写的过程中和结束后保存该文件。

请每个小组和小组成员分享本章的"小组合作学习记录.doc",并根据小组成员的建议修正小组学习记录,完善"小组合作学习记录.doc"。

请每个小组的学习成员围绕本章的学习主题进行讨论和交流,并将小组合作学习的成功之处和改进方法记录为"小组主题学习记录.doc"。

评价活动：评价本章知识与能力学习水平

一、名词解释

未来学校（能力里程碑8-1）

二、简述题

1. 依据《中国未来学校2.0：概念框架》,请你谈谈如何重新定义未来学校（能力里程碑8-2）？

2. 请在阅读完四个未来学校案例后,谈谈你对未来学校设计和建设的感想（知识检查点8-3、能力里程碑8-2）。

三、实践项目

根据未来学校的含义和特征,结合目前的校园建设情况,你觉得实现未来学校还需做出哪些努力和改进（知识检查点8-1、能力里程碑8-1）。

参 考 资 料

[1] 方海光. 教育大数据：迈向共建、共享、开放、个性的未来教育[M]. 北京：机械工业出版社，2016.

[2] Robert E. Slavin. 教育心理学（第8版）[M]. 姚梅林，陈勇杰，译. 北京：人民邮电出版社，2011-03.

[3] 沈毅，崔允漷. 课堂观察：走向专业的听评课[M]. 上海：华东师范大学出版社，2013.

[4] 孙水裕，王孝武. 环境信息系统[M]. 北京：化学工业出版社，2004.

[5] Bill Franks. 数据分析变革——大数据时代精准决策之道[M]. 张建辉，车皓阳等，译. 北京：人民邮电出版社，2015.

[6] 黄荣怀等. 2015 中国智慧学习环境白皮书[R]. 北京师范大学智慧学习研究院，2015(10).

[7] 黄荣怀等. 2016 全球教育机器人发展白皮书[R]. 北京师范大学智慧学习研究院，2016(9).

[8] 余胜泉等. 人工智能+教育蓝皮书[R]. 北京师范大学未来教育高精尖创新中心，2018(11).

[9] 2016-2017 年度基础教育信息化应用典型示范案例[R]. 教育部基础教育司，中央电化教育馆，2018（11）.

[10] Ned A. Flanders, Intent Action and Feedback: A Preparation for Teaching[M]. America: Journal of Teacher Education, 1963.

[11] Leyla Acaroglu. Tools for Systems Thinkers: The 6 Fundamental Concepts of Systems Thinking[M]. Australia: Disruptive Design, 2017.

[12] 任友群. 人工智能何以驱动教育变革[J]. 教育家，2017(44).

[13] 黄荣怀，刘德建，刘晓琳，徐晶晶. 互联网促进教育变革的基本格局[J]. 中国电化教育，2017(01): 7-16.

[14] 黄荣怀．中小学数字校园的建设内容及战略重点 [J]．教育情报参考，2010(1): 60-61.

[15] 杜婧敏，方海光等．教育大数据研究综述 [J]．中国教育信息化，2016(19): 1-4.

[16] 杨现民，唐斯斯，李冀红．发展教育大数据：内涵、价值和挑战 [J]．现代远程教育研究，2016(1)．

[17] 何鹏程，宋懿琛．教育公共服务的理论探讨 [J]．教育发展研究，2008(09): 39-43+48.

[18] 刘敏．探析教育公共服务供给中的政府取向 [J]．科教导刊（上旬刊），2014(09): 1-2.

[19] 钟卫华，魏晓巍．试论高校"以人为本"管理理念的价值取向——以人"四大特性"的内在需求为视阈 [J]．科教导刊（上旬刊），2010(04):7-9.

[20] 邹先荣．结合人本主义教育理论，浅谈"以学生为中心"的教学研究 [J]．青年与社会，2015, 583(1): 182-183.

[21] 李亮，邱崇光，胡丽萍．"学习内存"：一个不恰当的比喻 [J]．中国远程教育，2010(02): 23-27.

[22] 梁文思．从建构观角度看自适应学习理论 [J]．新教育时代电子杂志：教师版，2017(34)．

[23] 刘卫国．现代化、信息化、数字化、智能化及其相互关系 [J]．中国铁路，2011(01): 83-86.

[24] 李亦菲．自适应学习的理论与实践 [J]．中小学教学研究，2005(01): 4-5.

[25] 丁玉斌，董志雄，舒艾．人工智能时代教师的转型与专业发展 [J]．教师教育论坛，2019, 32(01): 12-16.

[26] 臧方青．教育大数据支撑下"以学定教"教学模式建构与应用 [D]．山东师范大学，2018．

[27] 方海光，刘嘉琪，魏文雅，汪时冲．移动互联网的大规模学习服务生态环境研究 [J]．电化教育研究，2019, 40(04): 53-58.

[28] 汪时冲，方海光，张鸽，马涛．人工智能教育机器人支持下的新型"双师课堂"研究——兼论"人机协同"教学设计与未来展望 [J]．远程教育杂志，2019, 37(02): 25-32.

[29] 王永平．基于统计数据的教育评估和决策研究 [D]．西安理工大学，2018．

[30] 钱勤军．SWOT 分析法在经营决策中的应用 [J]．国企管理，2015(12): 102-103.

[31] 邢丘丹，焦晶，杜占河．基于云计算和大数据的在线教育交互应用研究 [J]．现代教育技术，2014, 24(04): 88-95.

[32] SWOT 分析法简介 [J]．中国国土资源经济，2013, 26(09): 46．

[33] 张育桂．六顶思考帽在讨论式教学法中的应用 [J]．青海师专学报：教育科学，2009, 29(4): 93-95.

[34] 科学与技术网

[35] 百度百科

[36] 个人图书馆网

[37] 人人都是产品经理网

[38] 搜狐网

[39] 中金网

[40] MBA 智库百科

[41] 创头条

[42] 人民网

[43] 搜狐教育

[44] 知乎

[45] 眸事微信公众号

[46] 狗熊会微信公众号

[47] 财经中国网

[48] 智能观微信公众号

[49] youwin 教师微信公众号

[50] 电子发烧友网

[51] 大数据 D1net 微信公众号

[52] 百度文库

[53] CSDN 网

[54] 百度学术

[55] 中国网

[56] 腾讯网

[57] 新浪网

反侵权盗版声明

电子工业出版社依法对本作品享有专有出版权。任何未经权利人书面许可，复制、销售或通过信息网络传播本作品的行为；歪曲、篡改、剽窃本作品的行为，均违反《中华人民共和国著作权法》，其行为人应承担相应的民事责任和行政责任，构成犯罪的，将被依法追究刑事责任。

为了维护市场秩序，保护权利人的合法权益，我社将依法查处和打击侵权盗版的单位和个人。欢迎社会各界人士积极举报侵权盗版行为，本社将奖励举报有功人员，并保证举报人的信息不被泄露。

举报电话：（010）88254396；（010）88258888
传　　真：（010）88254397
E-mail：dbqq@phei.com.cn
通信地址：北京市万寿路173信箱
电子工业出版社总编办公室
邮　　编：100036